〔周〕姜尚◎著
冯慧娟◎编

全民阅读·经典小丛书

吉林出版集团股份有限公司

图书在版编目（CIP）数据

三略 /（周）姜尚著；冯慧娟编．—长春：吉林出版集团股份有限公司，2016.1
（全民阅读. 经典小丛书）
ISBN 978-7-5534-6756-6

Ⅰ．①三… Ⅱ．①姜… ②冯… Ⅲ．①兵法－中国－西周时代 Ⅳ．① E892.24

中国版本图书馆 CIP 数据核字 (2016) 第 031292 号

SAN LÜE

三略

作　　者：［周］姜尚　著　冯慧娟　编
出版策划：孙　昶
选题策划：冯子龙
责任编辑：王　媛
排　　版：新华智品
出　　版：吉林出版集团股份有限公司
（长春市福祉大路 5788 号，邮政编码：130118）
发　　行：吉林出版集团译文图书经营有限公司
（http://shop34896900.taobao.com）
电　　话：总编办 0431-81629909　营销部 0431-81629880 / 81629881
印　　刷：北京一鑫印务有限责任公司
开　　本：640mm × 940mm 1/16
印　　张：10
字　　数：130 千字
版　　次：2016 年 7 月第 1 版
印　　次：2019 年 6 月第 3 次印刷
书　　号：ISBN 978-7-5534-6756-6
定　　价：32.00 元

印装错误请与承印厂联系　电话：18611383393

前言

《三略》是中国古代第一部专讲战略的兵书，以论述政治战略为主，兼及军事战略。该书问世以来，受到历代政治家、兵家和学者的重视。南宋晁公武称其："论用兵机之妙、严明之决，军可以死易生，国可以存易亡。"该书还先后传入日本和朝鲜，并产生了相当大的影响。

《三略》分上、中、下三篇，内容比较简略，主要阐述的是治国兴邦、统军驭将的政治方略，同时也涉及到一些用兵打仗的具体计谋与方法。其思想体系不局限于一家，而是杂糅各家思想，尤以吸收儒、道两家学说为多。因此《三略》虽以兵书著称，也被视为一部政治谋略著作。

编　者

目录

附录：智囊

第一部　上　智

第二部　明　智

第三部　察　智

目录

三略

上　略

【原文】

夫主将之法[①]，务揽英雄之心[②]，赏禄有功[③]，通志于众[④]。故与众同好[⑤]靡不成[⑥]；与众同恶，靡不倾。治国安家，得人也；亡国破家，失人也。含气之类[⑦]成，愿得其志。

【注释】

①主将：国家最高统帅。

②英雄：才能出众、勇武超群的人。

③赏禄：赏赐官位俸禄。

④通志：意志相通。

⑤好（hào）：爱好，喜好。引申谓愿望。

⑥靡（mǐ）：无，没有。

⑦含气之类：泛指一切有生命者。本篇特指人类。

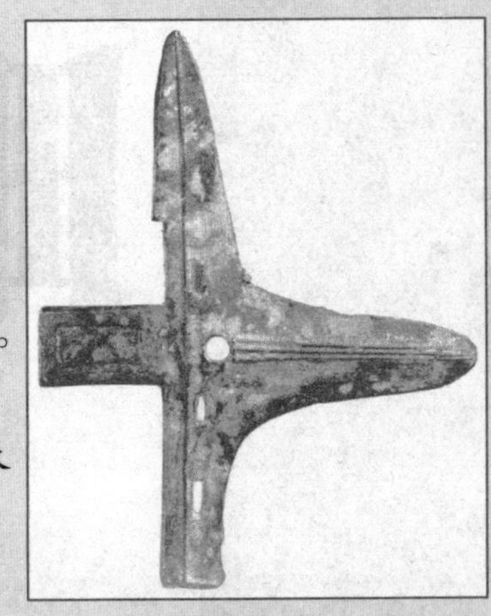

西周·三穿戟　通高23厘米，宽18.5厘米，重320克。现藏于北京故宫博物院。

【译文】

君王治国统军的方法，就是一定要收揽天下英雄的心。把禄位赏赐给有功的人，使众人理解自己的志向。所以，与众人追求的目标相同，这个目标没有不实现的；与众人憎恨的敌人相同，这个敌人没有不完蛋的。国治家安，是由于得到了人心；国亡家破，是由于失去了人心。因为所有的人，都有实现自己志向的愿望。

【原文】

《军谶》曰[①]："柔能制刚，弱能制强[②]。"柔者，德也；刚者，贼也[③]；弱者，人之所助；强者，怨之所攻。柔有所设，刚有所施，弱有所用，强有所加。兼此四者而制其宜。

【注释】

①《军谶》：古代兵书名，已佚。

②柔能制刚，弱能制强：以柔弱之法战胜刚强的敌人。

③贼：贼患；祸害。

【译文】

《军谶》说："柔能制服刚，弱能战胜强。"适中的柔是一种美德，刚是一种祸害。弱小者容易得到人们的同情和帮助，强大者易于受到人们的怨恨和攻击。有时候要用柔，有时候要用刚，有时候要示弱，有时候要用强。应该把这四者结合起来，根据情况的发展变化，而巧妙地加以运用。

【原文】

端末未见[①]，人莫能知。天地神明，与物推移[②]。变动无常，因敌转化。不为事先[③]，动而辄随。故能图制无疆[④]，扶成天威[⑤]，匡正八极[⑥]，密定九夷[⑦]。如此谋者，为帝王师。

【注释】

①端末：事情的开始与结束。

②天地神明，与物推移：意思是，天地间一切神灵奥妙，都是随着

事物的推移而变化的。神明，天地间一切神灵的总称。推移，指事物的变化发展。

③不为事先：意思是，不要情况不明就首先行动。

④图制无疆：谓图谋制敌而无往不胜。

⑤扶成天威：意谓辅佐君主树立威信。扶成，辅助其成功。天威，本谓上天之威严，这里指君王的威权。

⑥匡正八极：拯救接济天下。匡正，扶正拯救。八极，指天下。

⑦密定九夷：安定各少数民族。九夷，我国古代东方的九种部族。

【译文】

事物的本质还没有完全显现出来，没有人能了解全部情况。天地运行的玄妙规律，可以通过万物的变化表现出来。敌我双方的形势也是变化无常的，必须根据敌情的变化而制定不同的方略。在形势没有发展成熟之前不要贸然行事，一旦时机成熟，便应立即采取相应的对策。这样就可以百战百胜，辅佐君王取威定霸、一统天下、安定四方了。有如此谋略的人，便可以做帝王的老师了。

【原文】

故曰，莫不贪强，鲜能守微[①]；若能守微，乃保其生。圣人存之[②]，动应事机[③]，舒之弥四海，卷之不盈怀，居之不以家宅，守之不以城郭，藏之胸臆，而敌国服。

【注释】

①鲜能守微：很少能够持守“柔能制刚，弱能制强”的微妙。鲜（xiǎn），少。守，持守、掌握。微，指“柔能制刚，弱能制强”的微妙。

②圣人：旧时通常指具有高超道德智慧的人，也是对帝王的尊称。本篇指君主或帝王。

③事机：谓行事的时机，成就事业的机会。

【译文】

古语说，人没有不争强好胜的，却很少有人掌握刚柔强弱这个幽深精微的道理。如果能掌握这个道理，也就可以保身了。圣人掌握了这个道理，他的行动总能抓住时机。这个幽深精微的道理，舒展开来足以遍布四海，收拢起来却不满一杯。无须用房舍去安置它，无须用城郭去守护它。然后将它藏于胸中，巧妙地加以运用，就可以使敌国屈服了。

【原文】

《军谶》曰："能柔能刚，其国弥光[①]；能弱能强，其国弥彰[②]。纯柔纯弱，其国必削；纯刚纯强，其国必亡。"

【注释】

①弥光：更加光明。弥，更加。

②弥彰：更加昌盛。彰，昌盛。

【译文】

《军谶》说："既能柔，又能刚，则国家就会充满光明；既能弱，又能强，则国势昌盛。单纯用柔用弱，则国力必然削弱；单纯用刚用强，则国家一定会招致灭亡。"

西周·人头銎戟　通长25.2厘米，1972年甘肃灵台白草坡二号墓出土，甘肃省博物馆藏。

【原文】

夫为国之道[①]，恃贤与民。信贤如腹心，使民如四肢，则策无遗。所适如支体相随[②]、骨节相救，天道自然[③]，其巧无间。

【注释】

①道：这里指事理、规律、法则、原则。

②所适：指军队行动。支体：即“肢体”，指整个身体或单指四肢。

③天道自然：自然界不经人力干预而存在发展变化。

【译文】

治理国家的道理，关键在于依靠贤能的大臣和广大百姓。信任贤者如同自己的心腹，使用人民如用自己的手足，政令便不会有什么纰漏了。这样，行动起来便会像四肢与躯干一样协调，像各个关节一样互相照应，像天道运行一样顺乎自然，巧妙得没有一点痕迹。

【原文】

军国之要，察众心，施百务。危者安之，惧者欢之，叛者还之，冤者原之，诉者察之，卑者贵之，强者抑之，敌者残之，贪者丰之，欲者使之，畏者隐之，谋者近之，谗者覆之[①]，毁者复之[②]，反者废之，横者挫之，满者损之，归者招之，服者居之，降者脱之。获固守之，获厄塞之，获难屯之[③]，获城割之[④]，获地裂之[⑤]，获财散之。敌动伺之，敌近备之，敌强下之，敌佚去之[⑥]，敌陵待之，敌暴绥之[⑦]，敌悖义之，敌睦携之[⑧]。顺举挫之，因势破之，放言过之[⑨]，四网罗之[⑩]。得而勿有[⑪]，居而勿守[⑫]，拔而勿久[⑬]，立而勿取[⑭]；为者则己，有者则士[⑮]，焉知利之所在！彼为诸侯，己为天子，使城自保，令士自取。

世能祖祖[⑯]，鲜能下下[⑰]。祖祖为亲，下下为君。下下者，务耕桑不夺其时，薄赋敛不匮其财[⑱]，罕徭役不使其劳，则国富而家娭[19]，然后选士以司牧之[20]。夫所谓士者，英雄也。故曰，罗其英雄，则敌国穷。英雄者，国之干；庶民者，国之本。得其干，收其本，则政行而无怨。

【注释】

①覆：倾覆不听。

②复：反复核实。

③难（nán）：不容易攻占之地。

④割：剖割，这里指把城池赏赐他人。

⑤裂（liè）：分裂。这里指分地来封赏有功之人。

⑥佚（yì）：同“逸”，安逸；安闲。这里指以逸待劳。

⑦绥：怀柔、安抚。

⑧携：离间、分化。

⑨放言过之：散布假情报诱使敌人发生过失。

⑩四网罗之：把敌人包围加以歼灭。

⑪得而勿有：取得胜利后不要归功于自己。

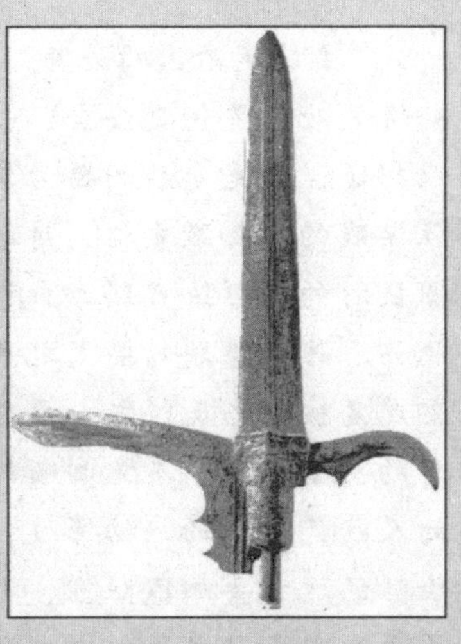

战国中期·钩内戟　河南省南阳市博物馆藏，长34厘米，宽28厘米。1965年河南南阳征集。此戟造型别致，铸造精细，是研究我国兵器史的重要资料。

⑫居而勿守：缴获的财物不要攫为己有而要分给众人。

⑬拔而勿久：夺取敌人城邑不要耽搁太长。

⑭立而勿取：立其国君执政而不自取其位。

⑮为者则己，有者则士：决策出于自己，功劳归于将士。

⑯祖祖：敬畏祖先。

⑰ 下下：爱护民众。

⑱ 薄：底本误作“簿”，根据《武经七书汇解·三略·上略》校正作“薄”，减轻的意思。

⑲ 家娭：家家欢乐。娭，“嬉”的古字，谓嬉戏、欢乐。

⑳ 司牧：管理、统治。

【译文】

君主统军治国的关键，在于体察众人的心理，采取相应的措施。处境危险的要使之安全，心存畏惧的要使之欢愉，离乡逃亡的要加以招还，含冤受屈的要为其伸冤昭雪，上告申诉的要调查清楚，地位卑贱的人要敬重他，对逞强的人要约束他，敌对的就消灭他，贪图钱财的要厚给赏赐，自愿效力的要予以任用，怕人揭短的要替其隐讳，善于谋划的要与之亲近，爱进谗言的要弃之不用，诋毁之言要反复核实，反叛之人要坚决消灭，蛮横之人要挫其锋芒，骄傲自满的要警告之，愿意归顺的招抚他，已被征服的要予以安置，投降的人就免除他的一切罪过。占领了坚固的地方要注意守卫，占领了险隘的地方要加以阻塞，占领了难攻的地方要驻兵把守，占领了城邑要分赏有功之臣，占领了土地要分封给出力之士，获得了财物要赏赐给众人。敌人行动要密切监视，敌人接近要严加防备，敌人强大要卑而骄之，敌人安逸要引而避之，敌人盛气凌人要有待其衰，敌人凶暴要暂时退却，敌人悖逆要申张正义，敌人和睦要分化离间。顺应敌人的行动来挫败它，利用敌人的情势来击破它，散布假情报以造成敌人的过失，四面包围将其歼灭。胜利时不要将功劳归于自己，获得财物不要自己独占，攻打城市不要久停不走，立其国之人为君而不要取而代之。决策出于自己，功劳归之将士，哪里知道这才是真正的大利啊！别人当诸侯，自己做天子。使每一座城市都可自我保护，让他们各自征收税赋。

世上的君主能以礼祭祀祖先，却很少能爱护自己的民众。尊敬祖先是亲亲之道，爱护民众才是为君之道。爱护民众的君主，重视农桑，不违农时，减轻赋税，民众不贫。于是国家富足，民众安乐，然后再选拔贤士去管理他们。所谓的贤士，就是人们所说的英雄。所以说，网罗了敌国的英雄，敌国就会陷入困窘的境地。英雄是国家的骨干，民众是国家的根本。得到了骨干，获取了根本，政令就可顺利推行，百姓也不会有所怨恨。

【原文】

夫用兵之要，在崇礼而重禄。礼崇则智士至[①]，禄重则义士轻死[②]。故禄贤不爱财，赏功不逾时，则下力并而敌国削。夫用人之道，尊以爵，赡以财，则士自来；接以礼，励以义，则士死之。

【注释】

①智士：有智慧或谋略的人。

②义士：恪守大义，笃行不苟的人。轻死：不怕死，敢于牺牲。

【译文】

用兵的要义，在于推崇礼节和厚施利禄。注重礼节，智谋之士便会前来投奔，厚给俸禄，忠义之士便会视死如归。所以，给予贤士俸禄时不应吝惜财物，奖赏有功之臣时不应拖延时日。这样，部属们便会同仇敌忾，削弱敌国了。用人的原则，就是封爵以示尊重，以厚禄供养他，使他消除忧虑，这样贤士就会自动来归了。以礼节来接待他，用大义来激励他，贤士便会以死相报了。

【原文】

夫将帅者，必与士卒同滋味共安危[①]，敌乃可加[②]。故兵有全胜，敌有全因[③]。昔者良将之用兵，有馈箪醪

者[4]，使投诸河，与士卒同流而饮。夫一箪之醪，不能味一河之水，而三军之士思为致死者，以滋味之及己也。《军谶》曰："军井未达，将不言渴；军幕未办，将不言倦；军灶未炊，将不言饥。冬不服裘，夏不操扇，雨不张盖，是谓将礼。"与之安，与之危，故其众可合而不可离，可用而不可疲，以其恩素蓄，谋素和也[5]。故曰，蓄恩不倦，以一取万[6]。

【注释】

①同滋味：同甘共苦。

②敌乃可加：可以出兵对敌作战。

③敌有全囚：俘获全部的敌人。

④箪醪：箪（dān），古时用以盛酒食的竹或苇编制的盛器，圆形有盖。醪（láo），酒的总称。

⑤谋：本篇指人的思想、意志。

⑥以一取万：意为将帅一人经常施恩于众，就会使得成千上万的人自动归附。

【译文】

身为将帅，必须与士卒同甘苦，共死生，才可与敌作战。如此我军才会大获全胜，这也是敌军全军覆没的原因。以往良将用兵，有人送给他一坛美酒，他让人倒在河中，与士卒同流而饮。虽小小一坛酒，不能使一条河里的水有酒味，而三军将士都想以死相报，这是因为将帅与自己同甘共苦而感激奋发啊。《军谶》说：军井没有打好，将帅不说口渴；帐篷没有搭好，将帅不说疲劳；饭菜没有烧好，将帅不说饥饿。冬日不独自穿皮衣，夏日不用扇子，下雨不打雨伞，这就是所说的"将礼"。将帅能与士卒同甘苦，共患难，军队便会万众一心，不可分离，南征北战，不会懈怠。这是由于将帅平日里积蓄恩惠，上下一心的缘故。所以说：将帅不断地施恩惠于士卒，便可以赢得千万人的拥护。

【原文】

《军谶》曰："将之所以为威者，号令也。战之所以全胜者，军政也。士之所以轻战者[①]，用命也。"故将无还令，赏罚必信，如天如地[②]，乃可御人。士卒用命，乃可越境。

夫统军持势者，将也；制胜破敌者，众也。故乱将不可使保军[③]，乖众不可使伐人[④]。攻城则不拔，图邑则不废[⑤]，二者无功，则士力疲弊。士力疲弊，则将孤众悖[⑥]，以守则不固，以战则奔北，是谓老兵[⑦]。兵老则将威不行，将无威则士卒轻刑，士卒轻刑则军失伍[⑧]，军失伍则士卒逃亡，士卒逃亡则敌乘利，敌乘利则军必丧。

《军谶》曰："良将之统军也，恕己而治人，推惠施恩，士力日新，战如风发，攻如河决。故其众可望而不可当，可下而不可胜。以身先人[⑨]，故其兵为天下雄。"

《军谶》曰："军以赏为表，以罚为里[⑩]。赏罚明，则将威行；官人得[⑪]，则士卒服；所任贤，则敌国震。"

《军谶》曰："贤者所适，其前无敌。"故士可下而不可骄，将可乐而不可忧[⑫]，谋可深而不可疑。士骄则下不顺，将忧则内外不相信，谋疑则敌国奋。以此攻伐，则致乱。

【注释】

① 轻战：以战事为轻，引申为不怕打仗。

② 如天如地：赏罚如同天地的四时运行那样准确无误。

③乱将：谓治军无法度的将领。保军：保全军队。本篇指统率军队。

④乖众：离心离德的部众。乖，背离。

⑤图邑则不废：图，谋取也。邑，古代国之称。不能达到灭亡敌国的目的。

⑥将孤众悖：悖，底本作“悖”，形近而误，根据《武经七书汇解·三略·上略》校正。此句意思是，将领孤立于上，部众抗命于下。

⑦老兵：疲惫困乏的军队。老，疲惫、困乏。

⑧失伍：谓士卒失去行伍建制，引申谓队伍混乱。

⑨以身先人：将帅在作战时冲在士卒前面，奋勇杀敌。

⑩ 以赏为表，以罚为里：治军既要行赏，又要行罚，二者缺一不可。

⑪ 官人得：谓以官职任人而得其人，亦即官吏称职之意。

⑫ 将可乐而不可忧：君主之任将，应使将领怀有得到充分信任的快乐，而不可使他担心遭到谗言离间。

【译文】

《军谶》说：将帅之所以有威严，是因为有号令，作战的胜利在于军政，士卒的敢战根于听命。因此，将帅要令出必行，赏罚必信，像天地时令那样不可更易，这样，将帅才能统御士卒。士卒服从命令，才可以出境远征作战。

统帅军队、掌握态势的是将领，夺取胜利、直接攻击敌人的是士卒。所以，治军无方的将领不能让他统率三军，离心离德的士卒不能用以攻伐敌国。这样的军队，攻打城池难以拔取，图谋

战国·三戈戟　1978年湖北省曾侯乙墓出土。长3.43米。此戟顶端装铜矛头和有内铜戈，往下4.7厘米处又装一无内铜戈，再往下5厘米处再装一无内铜戈，一矛三戈安装在同一柄上，是战车上使用的长兵器。这种兵器在中国是首次发现，现藏中国国家博物馆。

市镇难以占领，两件事都做不到，反而会使军力疲惫不堪。军力疲惫不堪，就会使将领更加孤立，士卒更加抗命。这样的军队，用来守卫则阵地必不稳固，用来作战则士卒必然溃逃。这就叫做师老兵疲。师老兵疲，将领就没有威信。将领失去威信，士卒就会轻视刑罚。士卒不怕刑罚，军队就必然混乱。军队混乱，士卒就必然逃亡。士卒逃亡，敌人就必然乘机进攻。敌人进攻，军队就必然大败。

《军谶》说：良将统帅军队，以恕己之道治理部下。广施恩惠，军队的战斗力就会逐渐增强，交战时就如狂风一样迅疾，就如江河决堤一样猛烈而势不可挡。所以这样的军队，敌人只能望风而逃，却根本无力抵挡。敌人只能俯首向我投降，却没有任何取胜的希望。将领能身先士卒，他的军队便可以称雄天下了。

《军谶》说：治军应以奖赏为表，以惩罚为里。赏罚分明，将领的威信才能树立起来。选官用人得当，士卒们才会心悦诚服。重用德才兼备的人，敌国就会惧怕。

《军谶》说：贤士归附的地方，军队必定会所向无敌。所以，对待贤士要谦恭而不可怠慢，对待将帅要令其心情愉快而不可使之有隐忧，对于谋略要深思熟虑而不可犹豫不决。对士简慢，下属就不会悦服。将有隐忧，君主与将领之间便互不信任。谋略犹豫，敌国就会乘机得势。若以这样的军队去打仗，必然招致祸乱。

【原文】

夫将者，国之命也。将能制胜，则国家安定。《军谶》曰：“将能清，能静，能平，能整；能受谏，能听讼，能纳人，能采言；能知国俗，能图山川[①]，能表险难，能制军权。”故曰，仁贤之智，圣明之虑，负薪之言[②]，廊庙之语[③]，兴衰之事，将所宜闻。

将者，能思士如渴，则策从焉。夫将拒谏，则英雄散。策不从，则谋士叛。善恶同[④]，则功臣倦[⑤]。专己，则下归咎。自伐，则下少功。信谗，则众心离。贪财，则奸不禁。内顾，则士卒淫⑥。将有一，则众不服；有二，则军无式⑦；有三，则下奔北；有四，则祸及国。

《军谶》曰：将谋欲密，士众欲一，攻敌欲疾。将谋密，则奸心闭；士众一，则军心结；攻敌疾，则备不及设。军有此三者，则计不夺⑧。将谋泄，则军无势；外窥内⑨，则祸不制；财入营，则众奸会。将有此三者，军必败。

将无虑，则谋士去。将无勇，则吏士恐。将妄动，则军不重。将迁怒⑩，则一军惧。《军谶》曰："虑也，勇也，将之所重；动也，怒也，将之所用。"此四者，将之明诫也⑪。

【注释】

① 图：绘制地图。这里可作了解、掌握。

②负薪：背负柴草。借指地位低下的人，这里指民众百姓。

③廊庙：本意是殿下屋和太庙。这里指为官的人。

④善恶同：谓善恶等同不分。

⑤功臣倦：使有功之臣倦怠消极。倦，厌倦、懈怠、消极。

⑥内顾：指思恋妻妾。引申谓迷恋女色。

⑦无式：没有法度。式，准则、法度。

⑧夺：削夺、丧失。引申谓遭到破坏。

⑨外窥内：指敌人窃取我军内部情况。外，指敌人。窥，窥察、窃取。内，指我军内情。

⑩迁怒：本谓把对甲的怒气发泄到乙身上，这里泛指发怒于众。

⑪ 明诫：诫，底本误作"诫"，形近而误。今据《武经七书汇解·三略·上略》校改。这里指将帅应当小心谨慎的事。

【译文】

将帅是国家命运的掌握者。若将帅能克敌制胜，国家就能长久保持安定。《军谶》上说："将帅应能清廉，能沉静，能公平，能严肃，能接受劝谏，能明断是非，能容纳人才，能博采众议，能知各国风俗，能通山川形势，能明险关要隘，能把握三军的形势。"所以说，举凡贤臣的睿智，君主的远虑，民众的议论，朝廷讨论的意见，历代成败的经验，都是将帅所应当了解的。

将帅能思贤如渴，有谋略的人就会聚集在他的周围。将帅不听下属的意见，杰出的人才就会散去。不采纳谋士的良策，谋士就会叛离。善恶不分，功臣就会倦怠消极。如独断专行，部下就会怨恨自己。自我炫耀，下属就不愿多建战功。听信谗言，军队就会离心离德。贪图钱财，坏的东西就无法禁止。贪恋女色，士卒就会淫乱无度。将帅如有上面的一条，士卒就不会心悦诚服。有了两条，军队就没了法纪。有了三条，全军就会溃败。如果犯了四条，就会给国家带来灾祸了。

《军谶》上说：将帅的谋划要秘密，士卒的意志要统一，攻击的行动要迅速。将帅谋划秘密，奸细便无机可乘。士卒意志统一，军心便固结不离。攻击行动迅速，敌军便不及防备。做到了这三条，军队的行动计划便不会失败了。将帅谋划泄露，军队的有利态势便失去了。奸细窥得内情，军队的祸患便无法制止了。不义的财物进入军营，各种坏事便一齐发生了。将帅有了这三条，军队必定要打败仗。

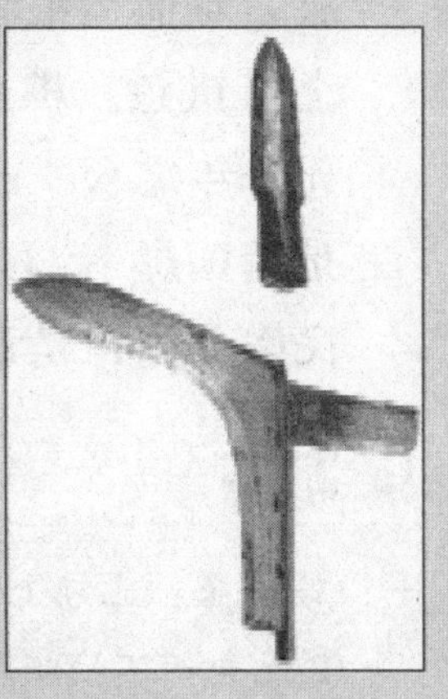

战国晚期·秦·青铜戟　出土于秦始皇陵兵马俑一号坑。戈通长26.7厘米，援长16.7厘米，胡长12.5厘米，内长10厘米。出土时有柲和铜。柲为木质，通长288厘米。戈、矛间距25厘米。戈的内部刻有"四年相邦吕不韦造，寺工、丞我、工可""戟""寺工""文"等铭文。

将帅如目光短浅，谋士就会离去。将帅怯懦而无勇，官兵就会惶恐不安。将帅轻举妄动，军心便不稳定。将帅迁怒于人，上下就会畏惧。《军谶》上说：谋深虑远，坚定勇敢，是将帅高贵的品德。适时而动，当怒而怒，是将帅用兵的艺术。这四项，做将帅的应时刻警醒自己。

【原文】

《军谶》曰："军无财，士不来。军无赏，士不往。"《军谶》曰："香饵之下，必有悬鱼[①]；重赏之下，必有死夫[②]。"故礼者，士之所归；赏者，士之所死。招其所归，示其所死，则所求者至。故礼而后悔者，士不止；赏而后悔者，士不使。礼赏不倦，则士争死。

《军谶》曰："兴师之国，务先隆恩。攻取之国，务先养民。"以寡胜众者，恩也。以弱胜强者，民也。故良将之养士，不易于身[③]，故能使三军如一心，则其胜可全。

《军谶》曰："用兵之要，必先察敌情。视其仓库，度其粮食，卜其强弱，察其天地，伺其空隙。故国无军旅之难而运粮者，虚也；民菜色者[④]，穷也。千里馈粮，士有饥色。樵苏后爨[⑤]，师不宿饱[⑥]。夫运粮千里[⑦]，无一年之食；二千里，无二年之食；三千里，无三年之食，是谓国虚[⑧]。国虚则民贫，民贫则上下不亲。敌攻其外，民盗其内，是谓必溃。"

【注释】

①悬鱼：已经上钩的鱼。

②死夫：不怕牺牲的壮士。

③易：不相同，不一致。

④菜色：义同"饥色"，指饥民营养不良的脸色。

⑤樵苏后爨：指军队临时砍柴割草，然后烧火做饭。

⑥宿饱：经常饱食。师不宿饱，即部队经常吃不饱饭。

⑦千：以及下文的二"千"字，底本皆作"百"，据前文之"千里

馈粮”，疑为“千”之误。故据《武经七书汇解·三略·上略》校改。

⑧谓：底本没有此字，从《武经七书汇解·三略·上略》上补。

【译文】

《军谶》上说：如果军队没有军资粮饷，军士就不会来应征入伍。军中没有奖赏，军士就不会勇往直前。《军谶》说：在香美的鱼饵的引诱下，必定有上钩之鱼。在厚重的赏赐引诱之下，必定有敢死之士。所以，使士衷心归附的是礼，使士乐于效死的是赏。以礼来招徕重视礼节者，以赏来吸引追求赏赐者，那么所需要的人才也就来到了。所以先以礼相待，后来又反悔的，士就不会留在营中。先以赏示人，后来又反悔的，士就不会为之效命。只有礼、赏始终如一，不加更改，贤士和士卒才会争先恐后地拼死效命。

《军谶》上说：要进行战争，务必事先厚施恩惠。要进攻别国，务必事先与民休息。能以少胜多，是厚施恩惠的结果。能以弱胜强，是得到民众拥护与支持的结果。因此，良将像对待自己一样对待士卒。这样就能全军万众一心，战无不胜，攻无不克了。

《军谶》上说：用兵的关键，在于预先查明敌情。了解敌军物资的储备情况，估计其粮食的多少，判断其兵力的强弱，调查其天候与地形情况，寻找其薄弱环节。所以，国家没有战争而运送粮食的，说明其国势空虚。百姓面黄肌瘦的，说明其民众贫穷。从千里之外运粮，士卒就会面带饥色。临时砍柴做饭，军队便无隔宿之饱。千里之外运粮，说明国家缺一年之粮。二千里之外运粮，说明国家至少缺两年的粮食。三千里之外运粮，说明国家至少缺三年的粮食。这正是国势空虚的表现。国势衰微，百姓就会贫穷。百姓贫穷，上下就不会亲睦。敌人从外面进攻，百姓在内部生变，国家就必然崩溃。

【原文】

《军谶》曰：“上行虐，则下急刻。赋敛重数，刑罚无极，民相残贼[①]，是谓亡国。”

《军谶》曰：“内贪外廉，诈誉取名，窃公为恩，令上下昏；饰躬正颜[②]，以获高官，是谓盗端。”

《军谶》曰：“群吏朋党[③]，各进所亲；招举奸枉，抑挫仁贤；背公立私，同位相讪[④]，是谓乱源。”

《军谶》曰：“强宗聚奸，无位而尊，威无不震；葛藟相连，种德立恩，夺在权位；侵侮下民，国内哗喧，臣蔽不言，是谓乱根。”

《军谶》曰：“世世作奸，侵盗县官[⑤]，进退求便，委曲弄文，以危其君，是谓国奸。”

《军谶》曰：“吏多民寡，尊卑相若，强弱相虏[⑥]，莫适禁御，延及君子，国受其咎。”

《军谶》曰：“善善不进[⑦]，恶恶不退[⑧]，贤者隐蔽，不肖在位，国受其害。”

《军谶》曰：“枝叶强大，比周居势[⑨]，卑贱陵贵，久而益大，上下忍废，国受其败。”

《军谶》曰：“佞臣在上，一军皆讼；引威自与，动违于众；无进无退[⑩]，苟然取容[⑪]；专任自己，举措伐功[⑫]；诽谤盛德，诬述庸庸[⑬]；无善无恶，皆与己同；稽留行事，命令不通；造作苛政[⑭]，变古易常。君用佞人，必受祸殃。”

《军谶》曰：“奸雄相称，障蔽主明；毁誉并兴，壅塞主聪；各阿所私[⑮]，令主失忠。”故主察异言[⑯]，乃睹其萌；主聘儒贤，奸雄乃遁；主任旧齿[⑰]，万事乃理；主聘岩穴[⑱]，士乃得实；谋及负薪，功乃可述；不失人心，德乃洋溢。

【注释】

① 残贼：残酷杀害。这里指民众起来反抗。

②饰躬正颜：愿意为修饰自身，端正容颜。这里指伪装正派的人。

③朋党：政见不同，因而相互倾轧的宗派。

④讪（shàn）：毁谤、讥讽。

⑤县官：古时天子之别称。

⑥相虏：相掠夺。引申谓相欺凌。

⑦善善：喜爱好人。

⑧恶恶：厌恶坏人。

⑨比周：谓结党营私。

⑩无进无退：佞臣的一举一动都不知廉耻礼义。

⑪ 苟然取容：苟然，卑屈谄媚的样子。取容，看上级脸色行事。句意为以卑屈之态取媚讨好上级。

⑫ 伐功：夸耀自己的功劳。

⑬ 庸庸：谓酬报有功。《荀子·大略第二十七》："亲亲、故故、庸庸、劳劳，仁之杀也。"唐杨倞注："庸，功也。庸庸，劳劳，谓称其功劳，以报有功劳者。"

⑭ 苛政：底本原作"奇政"，疑误。今据《武经七书汇解·三略》校改。

⑮ 所私：私，底本误作"以"，今据《武经七书汇解·三略·上略》校改。所私，指自己所亲信的人。

⑯ 异言：这里指颠倒是非、混淆黑白的言论。《武经七书汇解·三略·直解》："异言，变乱黑白是非之言。"

⑰ 旧齿：老臣、旧臣。

⑱ 岩穴：本谓山洞，这里指岩穴之士，亦即隐居之士。

【译文】

《军谶》上说：君主暴虐无道，臣属就会急迫而苛刻。横征暴敛，滥用酷刑，百姓便会起来反抗。外表清廉，其实内心十分贪婪，如此必然亡国。

《军谶》上说：内心贪婪而外表廉洁，以欺骗的手段猎取好的名声，盗用朝廷的爵禄以行私惠，使上上下下都认不清真相，伪为谦恭而外示正直，以此骗取高官，这就是窃国的开端。

《军谶》上说：官吏结党营私，各自引进亲信，网罗奸邪之徒，压制仁人贤士，背弃公道，谋取私利，同僚之间，攻讦不已，这就是人们所说的大乱之源。

《军谶》上说：豪门大族结为朋党，谋取私利，虽然没有国家授予的官职，却十分显赫，滥施淫威，没有人不害怕他们，彼此勾结，如同葛藤盘根错节一样，私布小恩小惠，侵夺朝廷大权，欺压穷苦百姓，国内怨声载道，骚动不安，群臣却隐蔽实情不敢直言，这就是人们所说的大乱之根。

《军谶》上说：世代相袭为官，肆意作恶，侵蚀天子的权威，一举一动，皆为自己谋取私利，歪曲文法，连高高在上的君主都受到了威胁，这就是人们所说的国之奸贼。

《军谶》上说：官多民少，尊卑不分，以强凌弱，朝廷也不能及时禁止，连君子也受到牵连，这样，国家必定要蒙受其难。

《军谶》上说：喜爱好人而不任用，厌恶坏人而不贬斥，有才有德的人被迫隐退，品行恶劣的人却当权执政，这样，国家必定要蒙受其害。

《军谶》上说：宗室势力强大，互相勾结，窃居要位，欺下犯上，时间久了，势力将越来越大，而君主又不忍心铲除，这样，国家必定要遭到败坏。

《军谶》上说：奸佞之徒当权，全军上下都会愤愤不平。奸佞小人依仗权势，作威作福，一举一动，辄违众意。毫无进退原则，只知附和讨好君主。他们刚愎自用，夸功自傲。他们诽谤有德之士，诬陷有功之臣。他们没有善恶标准，只求符合自己的心意。他们积压政务，使上令不能下达。他们造作苛政，变乱古制，更易常法。君主任用这种奸佞小人，必定会遭受祸害。

《军谶》上说：奸雄互相标榜，蒙蔽君主的眼睛，使其是非不分。诽谤与吹捧同时兴起，堵塞君主的耳朵，使其正邪难辨。他们各自培植自己的亲信，致使君主失去忠臣良将。

因此，君主能明察诡异之言，才能看出祸乱的萌芽。君主聘用儒士贤才，奸雄便会远遁。君主重用故旧耆老之臣，政事才能井井有条。君主征召山林隐士，才能得到有真才实学的贤士。君主谋事能倾听黎民百姓的意见，才能建立可以书诸竹帛的功业。君主不失去民心，他的德行便可以恩泽于天下。

中　略

【原文】

夫三皇无言[①]，而化流四海，故无所归功。帝者[②]，体天则地，有言有令，而天下太平。君臣让功，四海化行，百姓不知其所以然。故使臣不待礼赏有功，美而无害。王者[③]，制人以道，降心服志，设矩备衰[④]，四海会同[⑤]，王职不废。虽有甲兵之备，而无斗战之患。君无疑于臣，臣无疑于主，国定主安，臣以义退[⑥]，亦能美而无害。霸者[⑦]，制士以权，结士以信，使士以赏。信衰则士疏，赏亏则士不用命。

【注释】

① 三皇：传说中远古部落的酋长。

②帝：指传说中的五帝。

③王：指三王。或说夏禹、商汤、周之文武为三代之王；或说指夏禹、商汤、周文王；或说夏禹、商汤、周武王。

④设矩备衰：矩，法度，规矩。制定各种法规以防衰乱。

⑤会同：即古代的朝会。

⑥臣以义退：《汇解》引《直解》："成功知止，致仕而退也。"

⑦霸：指春秋五霸，即齐桓公、晋文公、楚庄王、吴王阖闾、越王勾践。一说指齐桓公、宋襄公、晋文公、秦穆公、楚庄王。

【译文】

远古时代，三皇不需要任何言论，良好风气自然流布四海，所以天下的人没有归功于谁。五帝效法天地运行，增设言教，制定政令，天下因此太平。君臣之间，互相推让功劳。四海之内，教化顺利实现。黎民百姓却不知其中的原因。所以，使用臣属不需依靠礼法和奖赏，就能做到君臣和美无间。三王用道德治理民众，使百姓心悦诚服。制定各种法规，以避免衰败，天下诸侯按时朝觐，天子的法度实行不废。即使有军事准备，但并没有战争的祸患。君主不猜忌臣属，臣属也不怀疑君主。国家稳定，君位巩固。大臣适时功成身退，君臣之间也能和睦相处而无猜疑。五霸用权术统御士，以信任结交士，靠奖赏使用士。失去信任，士就会疏远了。缺少奖赏，士就不会效命了。

【原文】

《军势》曰[①]：出军行师，将在自专。进退内御[②]，则功难成。

【注释】

①《军势》：古代兵书，已佚。

②内御：受到君主的控制。

【译文】

《军势》上说：将帅出兵作战，须有完全的指挥权。军队的进退如受到君主控制，是很难打胜仗的。

【原文】

《军势》曰：使智、使勇、使贪、使愚。智者乐立其功，勇者好行其志，贪者邀趋其利[①]，愚者不顾其死。因其至情而用之，此军之微权也[②]。

《军势》曰：无使辩士谈说敌美，为其惑众。无使仁者主财，为其多施而附于下[③]。

《军势》曰：禁巫祝，不得为吏士卜问军之吉凶。

《军势》曰：使义士不以财。故义者不为不仁者死，智者不为暗主谋[④]。

【注释】

①邀：希望得到。

②微权：微妙的权术。

③附于下：曲从下属的心意。

④暗主：昏庸无能的君主。

【译文】

《军势》上说：有智谋的人、勇敢的人、贪婪的人、愚笨的人，各有不同的使用方法。有智谋的人喜欢建功立业，勇敢的人喜欢实现自己的志向，贪财的人追求利禄，愚鲁的人不惜性命。根据他们各自的特点来使用他们，这就是用人的微妙权术。

《军势》上说：不要让能言善辩的人谈论敌人的长处，这样会惑乱军心。不要用仁厚的人管理财务，因为他会曲从于下属的要求而浪费钱财。

《军势》上说：军中要禁绝巫术，不准他为将士们占卜吉凶。

《军势》上说：使用侠义之士不能靠钱财。所以，义士是不会替不仁不义的人去卖命的，明智的人是不会替昏聩的君主出谋划策的。

【原文】

主不可以无德，无德则臣叛；不可以无威，无威则失权。臣不可以无德，无德则无以事君；不可以无威，无威则国弱①，威多则身蹶②。

【注释】

① 无威则国弱：没有威势国家就衰弱。

②威多则身蹶：威势过头反而危害自己。

【译文】

战国·八年相邦建信君铍　铍在作战时主要用于直刺和砍杀。秦以前铍首多用青铜铸造。汉代多用铁制，铍首比秦代铜铍显著加长，增强了杀伤的效能。战国至汉初，战场上较普遍地使用铍。西汉军队有“长铍都尉”一职，可见铍在作战中的地位。西汉中期以后，铍的使用减少，并逐渐从战场上消失。

君主不能没有道德，无德大臣就会背叛；也不能没有威势，没有威势就会丧失权力。大臣不能没有道德，无德就无法辅佐君主；大臣也不能没有威势，没有威势国家就会衰弱。但是大臣威势过了头，则会使自身遭受祸害。

【原文】

故圣王御世，观盛衰，度得失，而为之制。故诸侯二师，方伯三师①，天子六师。世乱则叛逆生，王泽竭则盟誓相诛伐。德同势敌，无以相倾，乃揽英雄之心，与众同好恶，然后加之以权变。故非计策无以决嫌定疑，非谲奇无以破奸息寇②，非阴谋无以成功③。

【注释】

① 方伯：一方诸侯之长。

②谲奇：诡诈出奇。

③阴谋：秘密谋划。

【译文】

战国晚期·十七年相邦春平侯铍　现藏北京故宫博物院。长33.2厘米，宽3.4厘米，重310克。铍长锋，脊扁平，扁茎，茎上有一圆穿。一面脊上有刻画铭文2行20字：十七年相邦春平侯，邦左伐器工师长，冶沃执剂。另一面刻5字：大攻尹韩口。

所以圣明的君王治理天下，观察世道的盛衰，衡量人事的得失，然后制定典章制度。故古时规定诸侯辖二军，方伯辖三军，天子辖六军。后来天下大乱，叛逆便产生了。天子的德泽枯竭了，诸侯之间的结盟立誓、互相攻伐也就出现了。诸侯之间，势均力敌，谁也没有办法战胜对手，于是便争相延揽英雄豪杰，与之同好同恶，然后再运用权术。所以，不运筹谋划，就不能决定疑惑未明的事情；不诡诈出奇，就不能战胜敌军；不秘密谋划，就不会取得成功。

【原文】

圣人体天，贤者法地[①]，智者师古。是故《三略》为衰世作。《上略》设礼赏，别奸雄，著成败。《中略》差德行[②]，审权变。《下略》陈道德，察安危，明贼贤之咎。故人主深晓《上略》，则能任贤擒敌；深晓《中略》，则能御将统众；深晓《下略》，则能明盛衰之源，审治国之纪。人臣深晓《中略》，则能全功保身。

夫高鸟死，良弓藏；敌国灭，谋臣亡。亡者，非丧其身也，谓夺其威、废其权也。封之于朝，极人臣之位，以显其功。中州善国[③]，以富其家，美色珍玩，以说其心[④]。

夫人众一合而不可卒离，威权一与而不可卒移[⑤]。还师罢军，存亡之阶。故弱之以位，夺之以国，是谓霸者之略。故霸者之作，其论驳也[⑥]。存社稷罗英雄者，《中

略》之势也。故世主秘焉。

【注释】

①贤者：《直解》《汇解》作“贤人”。

②差：区别、等级。

③中州善国：中州，指中原地区。善国，好的封国。

④说：同“悦”。

⑤威权：《直解》《汇解》作“权威”。

⑥驳：混杂，不纯正。

【译文】

圣人能够体察天之道，贤人能够取法地之理，智者能够以历史为师。故《三略》一书，是为衰微的乱世而作的。《上略》设置礼赏，辨识奸雄，揭示成败之理。《中略》区分德行，明察权变。《下略》陈述道德，细察安危，阐明残害贤人的罪过。因此，君主如通晓《上略》，就可任用贤士，击败敌人了。君主如通晓《中略》，便可以驾驭将帅，统率士卒了。君主深通《下略》，就可以明辨兴衰的根源，熟知治国的纲纪了。人臣深通《中略》，就可以成就功业，保全身家。

高空的飞鸟死了，良弓就要收起来了。敌对的国家灭亡了，谋臣就要消灭了。所谓的消灭，并不是消灭他们的肉体，而是要削弱他们的威势，剥夺他们的权力。在朝廷上给他封赏，给他人臣中最高的爵位，以此来表彰他的功劳。封给他中原肥沃的土地，使他们家财富足。赏给他美女珍玩，使他心情愉悦。

军队一旦建立，是无法仓促解散的。兵权一经授予，是无法马上收回的。战争结束，将帅班师回朝，于君主来说，这是生死存亡的关键时刻。所以，须以封爵为名削弱他的实力，要以封土为名削夺他的兵权。这就是霸者统御将帅的方略。因此，霸者的行为，是驳杂而不纯的。保全国家，收罗英雄，就是《中略》所论的权变。历代做君主的，对此都是秘而不宣的。

下 略

【原文】

夫能扶天下之危者，则据天下之安；能除天下之忧者，则享天下之乐；能救天下之祸者，则获天下之福。故泽及于民，则贤人归之；泽及昆虫，则圣人归之。贤人所归，则其国强；圣人所归，则六合同[①]。求贤以德，致圣以道。贤去，则国微；圣去，则国乖。微者危之阶，乖者亡之征。

贤人之政，降人以体[②]；圣人之政，降人以心[③]。体降可以图始，心降可以保终。降体以礼，降心以乐[④]。所谓乐者，非金石丝竹也，谓人乐其家[⑤]，谓人乐其族，谓人乐其业，谓人乐其都邑，谓人乐其政令，谓人乐其道德。如此君人者，乃作乐以节之[⑥]，使不失其和。故有德之君，以乐乐人[⑦]；无德之君，以乐乐身[⑧]。乐人者，久而长；乐身者，不久而亡。

【注释】

①六合：天地四方，泛指天下。

②降人以体：使人的行动服从顺从。

③降人以心：使人从内心里顺从。

④乐：此处读 yuè，与“礼”对应，为乐教之意。

⑤乐：此处读 lè，喜爱、喜欢。

⑥乐：此处读yuè，音乐。

⑦乐：此处读yuè，音乐。

⑧乐：此处读yuè，音乐。

【译文】

战国晚期·秦·青铜铍　出土于秦始皇陵兵马俑①号坑。铍首长35．45厘米，茎长11.6厘米，出土时木柄已残。铍身刻有“十五年寺工工”等铭文，茎上刻有“十六”等字。

能够拯救天下于危亡的，就能得到天下的安宁；能够解除天下忧患的，就能够享受天下的快乐；能够解除国家灾祸的，就能够得到天下的福泽。所以，恩泽遍及于百姓，贤人就会归附他；恩泽遍及于万物，圣人就会归附他。贤人归附的，国家就会强盛；圣人归附的，天下就能统一。使贤人归附须用“德”，使圣人归附要用“道”。贤人离去，国家就会得衰微；圣人离去，国家就要混乱了。衰微是通向危险的征兆，混乱是即将灭亡的征兆。

贤人执政，能使人从行动上服从；圣人执政，能使人从内心里顺从。从行动上服从，便可以开始创业了；从内心里顺从，才可以善始善终。使人从行动上服从靠的是礼教，使人从内心里顺从靠的是乐教。所谓的乐教，并非指金、石、丝、竹，而是指人要以他的家庭为欢乐，喜爱自己的宗族，喜爱自己的职业，喜爱自己的城邑，喜爱国家的政令，喜爱社会的伦理道德。这样治理民众，然后再制作音乐来陶冶人们的情操，使社会不失和谐。所以有道德的君主，是用音乐来使天下快乐；没有道德的君主，只是用乐来使自己快乐。用乐使百姓也快乐的，国家便会长治久安；使自己快乐的，不久便会亡国。

【原文】

释近谋远者[①]，劳而无功；释远谋近者，佚而有终。佚政多忠臣[②]，劳政多怨民[③]。故曰，务广地者荒，务广德者强，能有其有者安，贪人之有者残。残灭之政，累世受患。造作过制，虽成必败。舍己而教人者逆，正己而教人者顺[④]。逆者乱之招，顺者治之要。

【注释】

①释：《后汉书·臧宫传》光武帝诏引作“舍”，下文“释远谋近者”亦作“舍”。两个字含义相同。

②佚政：佚，通“逸”。休养生息的政策。

③劳政：劳民伤财的政策。

④教：《直解》《汇解》作“化”。

【译文】

放弃内政而一味图谋扩张，往往会劳而无功；放弃向外扩张而一心治理内政的，常会安逸而成就事业。实行与民生息的政策，民众渴望报答君主，国家就会出现许多忠义之臣；实行劳民伤财的政策，民众心中抱怨君主，国家就会出现许多怨恨之民。所以说，热衷于扩张领土的，内政必定荒废；尽力于扩充德行的，国家就会强盛。能保全自己本来所有的，国家就会平安；一味垂涎别人所有的，国家就会残破。统治残酷暴虐，世世代代都要受害。事情超过了限度，即使一时成功，最终也难免失败。不正己而正人者其势拂逆，正己而后正人才顺乎常理。有悖常理是招致祸乱的根源，顺乎常理是国家安定的关键。

【原文】

道、德、仁、义、礼，五者一体也。道者人之所蹈[①]，德者人之所得，仁者人之所亲，义者人之所宜，礼者人之所体，不可无一焉。故夙兴夜寐[②]，礼之制也；讨贼报仇，义之决也[③]；恻隐之心，仁之发也；得己得人，德之路也；使人均平，不失其所，道之化也。

【注释】

①蹈：履行，遵循。

②夙兴夜寐：早起晚睡。本篇指一天的活动。

③决：决断。

【译文】

道、德、仁、义、礼，是五者相互联系的一个整体。道是人们所应遵从的，德是人们从道中所得到的，仁是人们所亲近的，义是人们所应做的，礼是人们的行为规范。这五者缺一不可。因此，起居有节的举止行为，是礼的约束；讨贼报仇，是义的决断；怜悯之心，是仁的萌发；修己安人，是德的途径；使人均平，各得其所，是道的教化。

【原文】

出君下臣名曰命，施于竹帛名曰令[①]，奉而行之名曰政。夫命失[②]，则令不行。令不行，则政不正。政不正，则道不通[③]。道不通，则邪臣胜。邪臣胜，则主威伤。

【注释】

①竹帛：竹，竹简；帛，白绢。

②失：失误。

③道：治国的道理、法则。

【译文】

君主口头发出意旨叫“命”，书写在竹帛上叫“令”，执行命令叫“政”。君主的意旨有误，命令就不能实行。命令不推行，政务便出现偏差。政务有偏差，治国之道便不能通畅。道不通畅，奸邪之臣便会得势。奸邪之臣得势，君主的威信就要受到损害。

【原文】

千里迎贤其路远，致不肖其路近[1]。是以明王舍近而取远，故能全功尚贤，而下尽力。

【注释】

①不肖：不贤。

【译文】

聘请贤人，要去千里之外去迎接，而不顾路途的遥远；招引不肖之徒，是十分方便的。因此，英明的君主总是舍弃身边的不肖之徒，不远千里寻求贤人，所以，能够保全功业，尊崇贤人，臣下也能尽心竭力。

【原文】

废一善则众善衰，赏一恶则众恶归。善者得其佑，恶者受其诛，则国安而众善至。

众疑无定国，众惑无治民。疑定惑还，国乃可安。

一令逆则百令失，一恶施则百恶结。故善施于顺民，恶加于凶民，则令行而无怨。使怨治怨[1]，是谓逆天；使仇治仇[2]，其祸不救。治民使平，致平以清，则民得其所，而天下宁。

【注释】

①使怨治怨：用使民众怨恨的政令去治理怀有怨气的民众。

②使仇治仇：用使民众仇恨的政令去治理怀有仇恨的民众。

【译文】

废弃一个贤人，其余的贤人便会引退了；奖赏一个恶人，其余的恶人便会蜂拥而至。贤人得到保护，恶人受到惩罚，国家就会安定，贤才也会归附。

民众都对政令怀有疑虑，国家就不会得到安定；民众都对政令困惑不解，社会就不会得到治理。疑虑消失，人心安定，国家才会安宁。

一项政令违背民意，其他政令也就无法推行；一项恶政得到实施，就会造成许多恶果。所以，对顺民要实施仁政，对刁民要严加惩治，那么政令就会畅通无阻，人无怨言了。用民众所怨恨的政令去治理怀有怨气的民众，叫做违背天道；以民众所仇恨的政令去治理怀有仇恨的民众，灾祸将无法挽救。治理民众要使百姓顺服，要使百姓顺服，就须保证政治清明。这样，民众就会各得其所，天下也就安宁了。

【原文】

犯上者尊，贪鄙者富，虽有圣王①，不能致其治。犯上者诛，贪鄙者拘，则化行而众恶消②。

【注释】

①圣王：《直解》《汇解》作“圣主”。

②化行：推行教化。

【译文】

忤逆的人反而得就高官，贪鄙的人反而十分富有，虽有圣明的君王，也无法将国家治理好。犯上的受到惩处，贪鄙的受到拘禁，这样教化才能得到推行，各种邪恶也就自然销匿。

附录·智囊

第一部 上 智

上智部总序

【原文】

冯子曰：智无常局[①]，以恰肖其局者为上。故愚夫或现其一得，而晓人反失诸千虑。何则？上智无心而合，非千虑所臻也。人取小，我取大；人视近，我视远；人动而愈纷[②]，我静而自正；人束手无策，我游刃有余。夫是故，难事遇之而皆易，巨事遇之而皆细。其斡旋入于无声臭之微，而其举动出人意想思索之外；或先忤而后合，或似逆而实顺。方其闲闲[③]，豪杰所疑，迄乎断断[④]，圣人不易。呜呼！智若此，岂非上哉！上智不可学，意者法上而得中乎？抑语云“下下人有上上智”？庶几有触而现[⑤]焉，余条列其概，稍分四则，曰“见大”、曰“远犹”、曰“通简”、曰“迎刃”，而统名之曰“上智”。

【注释】

① 常局：固定不变的格局。

② 纷：混乱。

③ 闲闲：清闲、悠闲的样子。

④ 断断：果敢决断。

⑤ 有触而现：得到机会并展现出来。

【译文】

冯梦龙说：真正的智慧没有固定的法则可以遵循，而要根据不同的现实情况，采取恰如其分的对策。所以愚昧的人，偶尔也会表现出智慧来；倒是聪明的人常常因为谨守着某些原则而考虑太多，从而做出错误的判断。为什么呢？真正的大智慧其实是“无心”而至的，并非只要周全考虑就能达到。别人看到小的方面，我能看到大的方面。别人能看到眼前的，我却能看到长远的。别人越动越乱，而我却以静制动。别人束手无策的事情，我却游刃有余。这样的话，看起来难的事情处理起来都很容易，大的事情也能像小事情一样处理。所以能充分灵活、很有弹性地深入变动无常的局势之中，而其拟定的对策，也往往能出乎常人的意料。有时候开始时有悖常理而后来却完全符合事理，有时候看起来似乎违背常识而实际上却顺乎事理。当其从容悠闲之时，却受到豪杰之士的怀疑，只有等到问题全部解决，才能看清这种深远通透的智慧来，连圣人也不能改。啊！这样的智慧，确实是大智慧！这样的大智慧是不可学的，是像人们通常认识的“取法乎上而得乎中”吗？还是像人们所说的“一些不见得聪明的人偶然表现出的上等智慧”，也往往能够对我们做人处世有启发作用呢。因此，我把这些智慧实例一一列举出来，并将其分为四卷，分别是“见大”“远犹”“通简”“迎刃”，而总其名为“上智”。

一、掌握大局

【原文】

一操一纵，度越[①]意表。寻常所惊，豪杰所了[②]。集“见大”。

【注释】

① 度越：超出、超越。

② 了：了解。

【译文】

处理事情的不同细节以及方略，往往是出乎预料之外的。这是普通人所惊异而不能理解的，然而豪杰之士却能通晓。集此为“见大”卷，即以小见大。

太公 孔子

【原文】

太公望[①]封于齐。齐有华士者，义不臣天子，不友诸侯，人称其贤。太公使人召之三，不至；命诛之。周公曰："此人齐之高士，奈何诛之？"太公曰："夫不臣天子，不友诸侯，望犹得臣而友之乎？望不得臣而友之，是弃民[②]也；召之三不至，是逆民也。而旌之以为教首，使一国效之，望谁与为君乎？"

少正卯与孔子同时。孔子之门人三盈三虚[③]。孔子为大司寇，戮之于两观之下[④]。子贡进曰："夫少正卯，鲁之闻人。夫子诛之，得无失乎？"孔子曰："人有恶者五，而盗窃不与焉：一曰心达而险，二曰行僻而坚，三曰言伪而辩，四曰记丑而博，五曰顺非而泽。此五者，有一于此，则不免于君子之诛，而少正卯兼之。此小人之桀雄也，不可以不诛也。"

【注释】

① 太公望：吕尚，名望，助周武王灭商，被封于齐，为齐国始祖，故称太公。

② 弃民：不可教训应该抛弃的人。

③ 三盈三虚：指孔子的门徒多次被少正卯的讲学吸引走了。

④ 两观之下：指宫门之前。

【译文】

太公望被周武王封于齐这个地方。齐国有个叫做华士的人，他以不为天子之臣，不为诸侯之友作为自己立身处世的宗旨，人们都称赞他的旷达贤明。太公望派人请了他三次他都不肯来，于是就派人把他杀了。周公于是问太公说："华士是齐国的一位高士，为什么杀了他呢？"太公望说："这样一个不做天子之臣，不做诸侯之友的人，我吕望还能以其为臣，与之交友吗？我吕望都无法臣服、难以结交的人，就一定是不可教训而应该要抛弃的人；召他三次而不来，就是叛逆之民。如果为此反而要表彰他，让他成为全国百姓效法的榜样，那还要我这个当国君的有什么用呢？”

少正卯与孔子同处于一个时代。孔子的学生曾经多次受到少正卯言论的诱惑，而离开学堂到少正卯那里去听讲课，导致学堂由满座变为空旷。于是到了孔子做大司寇的时候，就判处少正卯死刑，在宫门外把他杀了。子贡向孔子进言说：“少正卯是鲁国名望很高的人。老师您杀了他，会不会有些不合适啊？”孔子说：“人有五种罪恶，而盗窃与之相比还算好的行为：第一种是心思通达而为人阴险，第二种是行为乖僻反常却固执不改，第三种是言辞虚伪无实但却十分雄辩并能动人心，第四种是所记多为怪异之说但是却旁征博引，第五种是顺助别人之错误还为其掩饰辩白。一个人如果有这五种罪恶之一，就难免被君子所杀；而少正卯同时具备这五种恶行。正是小人中的奸雄，这是不可不杀的。”

诸葛亮

【原文】

有言诸葛丞相惜赦[①]者。亮答曰：“治世以大德，不以小惠。故匡衡、吴汉不愿为赦。先帝亦言：‘吾周旋陈元方、郑康成间，每见启告，治乱之道悉矣，曾不及赦也。’若刘景升[②]父子岁岁赦宥，何益于治乎？”及费祎为政，始事姑息，蜀遂以削[③]。

【评】子产谓子太叔曰：“惟有德者，能以宽服民；其次莫如猛。夫火烈，民望而畏之，故鲜死焉；水懦弱，民狎而玩之，则多死焉。故宽难。”太叔为政，不忍猛而宽。于是郑国多盗，太叔悔之。仲尼曰：“政宽则民慢，慢则纠之以猛；猛则民残，残则施之以宽。宽以济猛，猛以济宽，政是以和。”商君刑及弃灰，过于猛者也；梁武见死刑辄涕泣而纵之，过于宽者也。《论语》赦小过，《春秋》讥肆大眚。合之，得政之和矣。

【注释】

①惜赦：不轻易发布赦免令。

②刘景升：刘表，字景升，东汉末年割据荆州，死后其子刘琮继任，不久投降曹操。

③削：削弱。

【译文】

蜀国有人批评诸葛亮在发布赦令上很吝啬，而法令又过严。诸葛亮对此回应说："治理天下应本着至公至德之心，而不该随意施舍不当的小恩小惠。所以汉朝的匡衡、吴汉治国理政就认为无故开赦罪犯不是件好事。先帝刘备也曾说道：'我曾与陈纪（字元方）、郑玄（字康成）交往，从与他们的交谈中，可以明了天下兴衰治乱的道理，但他们从没有说过大赦罪犯也是治国之道。'又如刘表父子年年都有大赦之令，结果身死国灭，赦免罪犯对治理国家有什么好处呢？"后来费祎主政时，采用姑息宽赦的策略，蜀汉的国势也因此逐渐削弱不振。

【评译】春秋时郑国的子产对后继者太叔说："只有具有大德的人，才可以用宽容的方法来治理人民；次一等的就只能用严厉的律法来治理了。猛烈的大火，人看了就感到害怕，因此很少有人被烧死；平静的河水，人们喜欢接近嬉戏，却往往因此被淹死。所以用宽容的方法治理国家是很困难的，不是常人所能做到的。"后来太叔治理国家，不忍心用严厉的方法，从而导致郑国盗匪猖獗，民怨沸腾，太叔非常后悔，但为时已晚。孔子说："政令过于宽容，百姓就会轻慢无礼，这时就要用严厉的律法来约束他们；过于严厉，百姓又可能凋残不堪，这时则要用宽松的政令来缓和他们的处境。用宽容来约束残弊，用严厉来整顿轻慢，这样才能做到人事通达，政风和谐。"战国时，商鞅对弃灰于道的人也要加以刑罚，这样就未免太过严苛了；梁武帝看见执行死刑就会心有不忍，往往流着泪把罪犯给释放掉，这样又太过宽容甚至显得有些懦弱了。《论语》有“对小的过错予以宽容”的说法，而《春秋》曾讥斥“那些放纵有大过错的人”。二者只有调和得当，才能实现政事的和谐。

汉光武帝

【原文】

刘秀[①]为大司马[②]时，舍中儿[③]犯法，军市令祭遵[④]格杀之。秀怒，命取遵。主簿陈副谏曰：“明公常欲众军整齐，遵奉法不避，是教令所行，奈何罪之？”秀悦，乃以为刺奸将军，谓诸将曰：“当避祭遵。吾舍中儿犯法尚杀之，必不私诸将也！”

【评】罚必则令行，令行则主尊，世祖所以能定四方之难也。

【注释】

① 刘秀：汉宗室，新朝末年起兵反王莽，为更始帝封为大司马，后自立称帝，建立东汉，谥光武，庙号世祖。

② 大司马：汉时掌全国军政的官。

③ 舍中儿：府中的家奴。

④ 祭遵：随刘秀起兵诸将之一，后以功封侯，为东汉开国勋臣。

【译文】

东汉光武帝刘秀做大司马时，有一回其府中的家奴犯了军法，被军市令祭遵下令杀掉。刘秀很生气，命令部下将祭遵收押。当时，主簿陈副规劝刘秀道：“主公一向希望能够军容整齐，纪律严明，现在祭遵依法办事，正是遵行军令的表现，怎么能怪罪他呢？”刘秀听了这话很高兴，不但赦免了祭遵，而且让他担任刺奸将军一职，又对军官们说：“你们要多避让祭遵啊！我府中的家奴犯法，他尚且将其斩杀，可见他的公正无私，他肯定不会对你们有所偏袒的。”

【评译】赏罚果断分明，军令才可以推行；军令畅行无阻，主上才会具有威严。正因如此刘秀才能平定四方，统一国家。

孔子

【原文】

孔子行游，马逸食稼，野人[①]怒，絷其马。子贡往说之，毕词而不得。孔子曰："夫以人之所不能听说人，譬以太牢享野兽，以九韶乐飞鸟也！"乃使马圉[②]往，谓野人曰："子不耕于东海，予不游西海也，吾马安得不犯子之稼？"野人大喜，解马而予之。

【评】人各以类相通。述《诗》《书》于野人之前，此腐儒之所以误国也。马圉之说诚善，假使出子贡之口，野人仍不从。何则？文质貌殊，其神固已离矣。然则孔子曷不即遣马圉，而听子贡之往耶？先遣马圉，则子贡之心不服；既屈子贡，而马圉之神始至。圣人达人之情，故能尽人之用；后世以文法束人，以资格限人，又以兼长望人，天下事岂有济乎！

【注释】

① 野人：郊外务农的人。

② 马圉：养马的奴仆。

【译文】

孔子有一天出行，在路上其驾车的马挣脱缰绳跑去偷吃了农夫的庄稼，农夫非常生气，捉住马并把它关起来。子贡去要马，放下架子低声下气地恳求农夫把马放了，没想到农夫根本不理他。孔子说："用别人听不懂的道理去说服他，就好比请野兽享用祭祀的太牢，请飞鸟聆听九韶般优美的音乐一样，根本是驴唇不对马嘴，当然也就不会有什么好效果。"于是孔子改派马夫前去要马，马夫对农夫说："你从未离家到东海边去耕作，我也不曾到过西方来，但两地的庄稼却长得一模一样，马儿怎么知道那是你的庄稼而不能偷吃呢？”农人听了觉得有道理，便把马儿还给马夫。

【评译】所谓物以类聚，人以群分。在粗人面前谈论《诗经》《尚书》，这是不知变通的迂腐儒生所以误国误事的原因。马夫的话虽然很有道理，但这番话若从子贡口中说出，恐怕仍然让农夫难以接受。为什么呢？因为子贡和农夫两人的学[illegible]、修养都相差太远，彼此在交涉之前就已经心存距离感。然而孔子为什么不要马夫先去，而任由子贡前去劝说农夫呢？这是因为孔子知道如果一开始就让马夫去，子贡心中一定不服气；如今不但子贡心中毫无怨言，也使得马夫因此有了表现的机会。圣人能通达事理人情，所以才能人尽其才。后世常以成文的法规来束缚人，以各种资格来限制人，以拥有多种长处来期望人。这样，天下之事怎么还能有成功的希望呢？

魏元忠

【原文】

唐高宗幸东都[1]时，关中饥馑。上虑道路多草窃，命监察御史魏元忠检校车驾前后。元忠受诏，即阅视赤县狱，得盗一人，神采语言异于众。命释桎梏[2]，袭冠带乘驿以从，与人共食宿，托以诘盗。其人笑而许之，比及东都，士马万数，不亡一钱。

【评】因材任能，盗皆作使。俗儒以“鸡鸣狗盗之雄”笑田文[3]，不知尔时舍鸡鸣狗盗都用不着也。

【注释】

① 东都：唐朝以洛阳为东都。

② 桎梏：枷锁。

③ 田文：战国时齐人，封孟尝君，出任齐相，招致天下贤士，门下

食客常数千人。

【译文】

唐高宗临幸东都洛阳的时候，关中地区正发生饥荒。高宗担心路上会遭遇强盗，于是就命令监察御史魏元忠提前检查车驾所途经的路线。魏元忠受命后，去巡视了赤县监狱，看到一名盗匪，其言语举止异于常人。魏元忠命令狱卒打开他的手铐、脚镣，让他换上整齐的衣帽，乘车跟随着自己，并跟他生活在一起，要求他协助防范盗匪。这个人含笑答应了，等高宗车驾到了洛阳后，随行兵马虽多达万余人，却不曾丢失一文钱。

【评译】量才而用，强盗都可以成为使者。世俗之儒用养了一群“鸡鸣狗盗之徒”来奚落田文，却不知在当时除了鸡鸣狗盗之徒，其他人都派不上用场。

范仲淹

【原文】

范文正公[①]用士，多取气节而略细故，如孙威敏、滕达道，皆所素重。其为帅日，辟置僚幕客，多取谪籍[②]未牵复[③]人。或疑之，公曰：“人有才能而无过，朝廷自应用之。若其实有可用之材，不幸陷于吏议，不因事起之，遂为废人矣。”故公所举多得士。

【评译】天下无废人，所以朝廷无废事，非大识见人不及此。

【注释】

① 范文正公：范仲淹，谥号文正。

② 谪籍：被贬职的官员。

③ 牵复：平反复职。

【译文】

范文正公任用士人，一向注重气节才干，而不拘泥于小过节。有气节才智的人，大多不会拘泥于琐碎的小事，如孙威敏、滕达道等人都曾受到他的敬重。在他为帅的时候，其府中所用的幕僚，许多都是一些被贬官而尚未平反复职的人。有人觉得这样的事奇怪，文正公说：“有才能而无过失的人，朝廷自然会任用他们。至于那些可用之才，不幸因事受到处罚，如果不趁机起用他们，就要变成真正的废人了。”因此文正公麾下拥有很多有才能的人。

【评译】如果天下没有被废弃的人，朝廷就不会有荒废的事情。不是非常有见识的人，是无法做到这一点的。

狄青

【原文】

狄青[①]起行伍十余年，既贵显，面涅[②]犹存，曰：“留以劝军中！”(边批：大识量。)

【评】既不去面涅，便知不肯遥附梁公[③]。

【注释】

① 狄青：北宋名将，他出身行伍，后为范仲淹赏识提拔，范仲淹亲自教他兵法。狄青勇而善谋，以功擢升至枢密使，卒谥武襄。

② 面涅：面上刺字。宋时士兵面上都要刺字。

③ 梁公：唐代名相狄仁杰，封梁国公。此处指狄青保持自己原本的身份，不攀附豪门。

【译文】

宋朝名将狄青出身行伍之中，为军卒十余年才得以显达。然而显贵之后，脸上受墨刑染黑的痕迹却一直保留着，有人劝他除去，他说："留下这墨迹可以鼓励军中的普通士卒奋发向上。"（边批：真是大肚量。）

【评译】从不肯除去脸上受墨刑染黑的痕迹来看，便知狄青绝不肯冒认唐朝名臣狄仁杰为祖先以抬高自己的身份地位。

张飞

【原文】

先主[1]一见马超[2]，以为平西将军，封都亭侯。超见先主待之厚也，阔略[3]无上下礼，与先主言，常呼字。关羽怒，请杀之，先主不从。张飞曰："如是，当示之以礼。"明日大会诸将，羽、飞并挟刃立直。超入，顾坐席，不见羽、飞座，见其直也，乃大惊。自后乃尊事先主。

【评】释严颜[4]，诲马超，都是细心作用，后世目飞为粗人，大枉。

【注释】

① 先主：刘备为蜀汉先主。

② 马超：东汉末割据诸侯，为曹操所败，投奔刘备。

③ 阔略：粗疏不谨慎。

④ 释严颜：张飞俘获严颜后劝降，严颜道："我州但有断头将军，无有降将军。"张飞以为壮士，释放了严颜。

【译文】

刘备见到马超很高兴，并立刻任命他为平西将军，封都亭侯。马超见刘备对待自己如此优厚，便不免有些傲慢，甚至疏忽了对主上的礼节，和刘备讲话时，常常直呼刘备的字。关羽非常生气，请求杀掉马超，刘备不肯。张飞说："像这种情形，应当用礼节来引导警示他。"第二天，刘备会见诸将，关羽、张飞手执兵器侍立刘备两边。马超一到，径直入座，但却没看到关羽和张飞的座位，只见二将侍立一旁，不由大吃一惊，极为惶恐。从此以后，马超才恭敬地侍奉刘备。

【评译】释放严颜，警示马超，都是细心之人才能做得到的。后世把张飞当做粗人，实在是大大冤枉了他。

唐高祖

【原文】

李渊[1]克霍邑，行赏时，军吏拟奴应募，不得与良人同。渊曰："矢石之间，不辨贵贱；论勋之际，何有等差？宜并从本勋授。"

引见霍邑吏民，劳赏如西河，选其壮丁，使从军。关中军士欲归者，并授五品散官，遣归。或谏以官太滥，渊曰："隋氏[2]吝惜勋赏，致失人心，奈何效之？且收众以官，不胜于用兵乎？"

【注释】

① 李渊：唐高祖。

② 隋氏：指隋朝。

【译文】

唐高祖李渊攻下霍邑后，论功行赏时，军吏认为招募到的奴仆不应该和从军的百姓同等待遇。李渊说："在战场上打仗，弓箭和飞石之间冲锋，是不分贵贱的；所以评论战斗的功劳，就不应该有什么等级之别，而应该按照各人的实际表现给予赏赐。"

其后，李渊和霍邑的官吏百姓相见，就像原先犒赏西河官员百姓一样犒赏他们，并选拔其中的青壮年，动员他们参军。关中来的士兵要求回乡的，都赐给他们五品官的名衔放他们回去。有人劝说，这样赐官位岂不是给得太多太滥，李渊说："隋朝就是因为舍不得论功行赏，以致失了军民之心。我们怎么可以效法他呢？况且用官位来收揽民心，不是比用兵征服更好吗？"

卫青

【原文】

大将军青[①]兵出定襄。苏建、赵信并军三千余骑，独逢单于兵。与战一日，兵且尽，信降单于，建独身归青。议郎周霸曰：“自大将军出，未尝斩裨将。今建弃军，可斩以明将军之威。”长史安[②]曰：“不然，建以数千卒当虏数万，力战一日，士皆不敢有二心。自归而斩之，是示后无反意也，不当斩。”青曰：“青以肺腑待罪行间，不患无威，而霸说我以明威，甚失臣意；且使臣职虽当斩将，以臣之尊宠而不敢专诛于境外，其归天子，天子自裁之，于以风为人臣者不敢专权，不亦可乎？”遂囚建诣行在，天子果赦不诛。

【评】卫青握兵数载，宠任无比，而上不疑，下不忌，唯能避权远嫌故。不然，虽以狄枢使之功名，犹不克令终，可不戒欤？

狄青为枢密使，自恃有功，颇骄蹇，怙惜[③]士卒，每得衣粮，皆曰：“此狄家爷爷所赐。”朝廷患之。时文潞公当国，建言以两镇节使出之，青自陈无功而受镇节，无罪而出外藩。仁宗亦以为然，向潞公述此语，且言狄青忠臣。潞公曰：“太祖岂非周世宗忠臣？但得军心，所以有陈桥之变。”上默然。青犹未知，到中书自辨，潞公直视之，曰：“无他，朝廷疑尔。”青惊怖，却行数步。青在镇，每月两遣中使抚问，青闻中使来，辄惊疑终日，不半年，病作而卒。皆潞公之谋也。

【注释】

① 青：卫青，汉武帝名将，曾七次出击匈奴，威名显赫，官拜大将军。元朔六年，复率六将军出定襄击匈奴，文中即指此事下文的苏建、赵信俱为六将军之一。

② 长史安：即任安，司马迁之友，此时任卫青长史。

③ 怙惜：放纵、爱惜。

【译文】

汉武帝时，大将军卫青出兵定襄攻击匈奴。苏建、赵信两位将领同率三千多骑兵行军，在途中遭遇单于军队。汉军和匈奴军苦战一天，士兵伤亡殆尽，赵信投降单于，苏建独身一人逃回大营。议郎周霸说："自从大将军出兵以来，从来没有处死过副将。现在苏建抛弃军队，独自逃回，可以杀他以显示大将军的威严。"长史任安说："这样不可以。苏建以数千骑兵去抵挡数万之敌，奋力作战一天，而士兵没有二心。如今他侥幸脱险，将军反而要杀他，岂非要告诉后人，以后遇到这种情况回来还不如向敌人投降吗？我认为不该杀苏建。"卫青说："我作为天子的外戚心腹之臣带兵出征，并不怕没有威严。周霸说要显示我的威严，这并不合我的心意。虽然论职权，我有权处死手下将官，但以我所受到天子的宠信，也不敢在塞外专擅生杀大权，而应该押回京师，请天子裁决，并可借此训示为人臣的不应擅自专权，这样做不是更好吗？"于是卫青命人把苏建押解到天子行在，后来汉武帝果然赦免了他。

【评译】卫青掌兵权多年，深受宠信，天子对他没有疑心，属下对他也没有嫉妒之意。这正是因为他能避开过度的权威，远离各种嫌疑的缘故啊。若非如此，即使有北宋狄青般的显赫功勋，还是不能得到善终，这实在不能不引以为戒啊。

狄青担任枢密院枢密使时，自恃功勋卓著，十分桀骜不驯，袒护士卒。士卒每次得到衣物粮食，都说："这是狄家爷爷赏赐的。"朝廷上下都以此为心头大患。当时文潞公在朝执政，建议仁宗让狄青出任两镇节度使以便让他离开朝廷。狄青上书说自己无功却受封节度使，无罪却又外放，心中很是委屈。仁宗也觉得他说得有道理，就向潞公述说了狄青的话，并说狄青是忠臣。潞公说："本朝太祖难道不是后周世宗的忠臣吗？但因为得到军心，所以才会发生黄袍加身、陈桥兵变的事。"仁宗听了，默然无语。狄青尚不知道这事，到中书门下去为自己辩白。潞公盯着他，直截了当地说："没有其他原因，只是朝廷有些怀疑你罢了。"狄青吓得禁不住后退好几步。狄青到藩镇以后，仁宗每个月都派使者去慰问看望他两次。每次听说皇上的使者要来，狄青都会整日惊吓疑虑。结果不到半年，就得病去世了。这些都是文潞公的计谋啊。

李 愬

【原文】

节度使李愬[①]既平蔡，械吴元济送京师。屯兵鞠场，以待招讨使裴度。度入城，愬具櫜鞬[②]出迎，拜于路左，度将避之。愬曰："蔡人顽悖，不识上下之分数十年矣。愿公因而示之，使知朝廷之尊。"度乃受之。

【注释】

① 李愬：唐名将，有谋略，善骑射，元和年间为邓州节度使，率师雪夜袭蔡州，生擒吴元济，平淮西，以功封凉国公。

② 具櫜鞬：带上箭袋，指全副武装。

【译文】

唐朝宪宗时期，节度使李愬平定蔡州以后，将叛臣吴元济押送京师。李愬自己不进府衙，而是将军队临时驻扎在蹴鞠场，恭候招讨使裴度入城。裴度入城时，李愬谦恭出迎，在路左行拜见之礼。因李愬平叛功大，裴度欲回避不敢受礼。李愬说："蔡地之人性情顽固叛逆，不知上下尊卑之别已经几十年了。希望您借此训示他们，使他们知道朝廷的法度尊严。"裴度于是接纳了李愬的拜见之礼。

二、深谋远虑

【原文】

谋之不远，是用大简；人我迭居[①]，吉凶环转；老成借筹，宁深毋浅。

集“远犹”。

【注释】

① 迭居：指地位轮替。

【译文】

谋略不够深远，就会轻率肤浅；别人与我的地位会更迭，吉凶祸福也会更替；因此筹划谋略必须老成周到，宁愿考虑得复杂深远而不能只顾眼前利益。集此为“远犹”卷，即深谋远虑也。

李泌

【原文】

肃宗子建宁王倓性英果，有才略。从上自马嵬北行，兵众寡弱，屡逢寇盗，倓自选骁勇，居上前后，血战以卫上。上或过时未食，倓悲泣不自胜，军中皆属目向之，上欲以倓为天下兵马元帅，使统诸将东征，李泌[①]曰：“建宁诚元帅才；然广平，兄也，若建宁功成，岂使广平为吴太伯[②]乎？”上曰：“广平，冢嗣也，何必以元帅为重？”泌曰：“广平未正位东宫，今天下艰难，众心所属，在于元帅，若建宁大功既成，陛下虽欲不以为储副，同立功者其肯已乎？太宗、太上皇即其事也。”上乃以广平王俶为天下兵马元帅，诸将皆以属焉。倓闻之，谢泌曰：“此固倓之心也。”

【注释】

① 李泌：唐名臣，唐肃宗李亨遇之甚厚，军国大事多与之商议。

② 太伯：太伯是周太王长子，明白父亲喜爱弟弟季历的儿子昌，也就是后来的文王，就和弟弟仲雍逃到荆蛮地带，建立吴国。

【译文】

唐肃宗的三子建宁王李倓为人英明果决，有雄才大略。他跟随唐肃宗从马嵬驿北上，因随行士兵人少而多老弱，多次遭遇盗匪。李倓亲自挑选骁勇的士兵在肃宗身边护卫，拼死保卫肃宗安全。肃宗有时不能按时吃上饭，李倓悲伤不能自已，为军中上下所赞赏。因此肃宗想封李倓为天下兵马大元帅，让他统领诸将东征。李泌说：“建宁王确实有元帅之才；然而广平王李俶毕竟是长兄，如果建宁王战功显赫，难道要让广平王成为第二个吴太伯吗？”肃宗说：“广平王是嫡长子，以后的皇位继承人，如何还需要去担当元帅之职来巩固自己的地位呢？”李泌说：“广平王尚未正式立为太子，现在国家艰难，众人心之所系都在元帅身上。如果建宁王立下大功，陛下即使不想立他做继承人，但是同他一起立下汗马功劳的人难道肯善罢甘休吗？太宗与太上皇（即唐玄宗）之事就是最好的例子。”于是，肃宗任命广平王李俶为天下兵马元帅，要求诸将都服从他的号令。李倓听到这件事，向李泌致谢说：“您这样做正符合我的心意。”

白起祠

【原文】

贞元中，咸阳人上言见白起[①]，令奏云：“请为国家捍御西陲，正月吐蕃[②]必大下。”既而吐蕃果入寇，败去。德宗以为信然，欲于京城立庙，赠起为司徒。李泌曰：“臣闻‘国将兴，听于人’。今将帅立功，而陛下褒赏白起，臣恐边将解体矣。且立庙京师，盛为祷祝，流传四方，将召巫风。臣闻杜邮有旧祠[③]，请敕府县修葺，则不至惊人耳目。”上从之。

【注释】

① 白起：战国时秦国名将，封武安君，战胜攻取七十余城。

② 吐蕃：古代藏族建立的地方政权。

③ 杜邮有旧祠：秦昭王不许白起留咸阳，白起出咸阳西门四十里，至杜邮，被昭王赐剑，遂自杀。后人在杜邮立祠祭祀白起。

【译文】

唐德宗贞元年间，咸阳有人报告说看见了秦时名将白起，县令上奏说："朝廷应加强西部边塞的防卫，正月吐蕃一定会大举进兵入寇。"不久吐蕃果然入侵，很快兵败而去。德宗因而相信白起果真显圣，欲在京师为白起立庙，并追赠白起为司徒。李泌说："臣听说国家将要兴盛的话，一定会听信于人，而非鬼神。如今将帅立功，而陛下却褒扬秦朝的白起，微臣恐怕以后边防将领会有所怨言而懈怠从事了。而且在京城立庙祭祀，影响甚大，定会流传出去，可能引起地方巫蛊迷信的风气。我听说杜邮有一座旧的白起祠，请陛下下诏让府县维修一下，这样也就不至于惊动天下人的耳目了。"德宗采纳了他的建议。

宋太祖 何真

【原文】

宋艺祖[①]推戴之初，陈桥守门者拒而不纳，遂如封丘门[②]，抱关吏望风启钥。及即位，斩封丘吏而官陈桥者，以旌其忠。

至正间，广东王成、陈仲玉作乱。东莞人何真请于行省[③]，举义兵，擒仲玉以献。成筑砦自守，围之，久不下。真募人能缚成者，予钱十千，于是成奴缚之以出，真笑谓成曰："公奈何养虎为害？"成惭谢。奴求赏，真如数与之。使人具汤镬，驾诸转轮车上。成惧，谓将烹己。真乃缚奴于上。促烹之；使数人鸣鼓推车，号于众曰："四境有奴缚主者，视此！”人服其赏罚有章，岭表悉归心焉。

【评】高祖戮丁公而封项伯，赏罚为不均矣；光武封苍头[4]子密为不义侯，尤不可训。当以何真为正。

【注释】

① 宋艺祖：宋太祖赵匡胤武艺高强，宋代就有人称其为“宋艺祖”。

② 陈桥守门句：汴京城北城墙一共四门，陈桥门为最东门，封丘门在其西。

③ 行省：行中书省的简称，是元代地方最高行政机构。

④ 苍头：奴仆别称。

【译文】

宋太祖赵匡胤刚刚黄袍加身的时候，陈桥门的守门官员拒绝让他进城。太祖无奈只好转到封丘门，封丘门守关吏见形势如此，老远就大开城门迎太祖进城。太祖即帝位以后，立即处死封丘门的官吏，而给陈桥门的守门官员加官晋爵，以表彰他的忠义。

元顺帝至正年间，广东人王成和陈仲玉起兵谋反。东莞人何真时任广东行省右丞，向行省请命，自己组建义兵，抓住了陈仲玉献给朝廷。而王成却在险要之处建寨自守，何真围攻了很久都难以攻破。于是，何真悬赏一万钱捉拿王成，王成的家奴贪图小利，绑了主人来求赏，何真笑着对王成说：“你怎么养虎为患啊？”王成为此甚感惭愧。他的家奴请求赏钱，何真如数给了他，却又派人准备汤锅，并把汤锅架在转轮车上。王成很恐慌，以为何真要烹杀自己。但没想到何真却把那家奴绑起来放在汤锅上，催促部下将他煮了；又叫几个人敲鼓推车在大街上游行，当众宣布：“境内有家奴敢捆绑出卖主人的，以后都依照这种办法处理！”大家佩服他赏罚分明，岭南地区的人于是开始从内心里归顺朝廷。

【评译】汉高祖刘邦杀死忠心于项羽的丁公，而封赏保护自己却愧对项羽的项伯，赏罚实在是不公平啊；汉光武帝封奴仆之子为不义侯，这种做法更不足取。何真的做法才是最值得称道的啊。

宋太祖

【原文】

初，太祖谓赵普曰："自唐季[1]以来数十年，帝王凡十易姓，兵革不息，其故何也？"普曰："由节镇太重，君弱臣强，今唯稍夺其权，制其钱谷，收其精兵，则天下自安矣。"语未毕，上曰："卿勿言，我已谕矣。"顷之，上与故人石守信等饮，酒酣，屏左右，谓曰："我非尔曹之力，不得至此，念汝之德。无有穷已，然为天子亦大艰难，殊不若为节度使之乐，吾今终夕未尝安枕而卧也。"守信等曰："何故？"上曰："是不难知，居此位者，谁不欲为之？"守信等皆惶恐顿首，曰："陛下何为出此言？"上曰："不然，汝曹虽无心，其如麾下之人欲富贵何？一旦以黄袍加汝身，虽欲不为，不可得也。"守信等乃皆顿首，泣曰："臣等愚不及此，唯陛下哀怜，指示可生之路。"上曰："人生如白驹过隙，所欲富贵者，不过多得金钱，厚自娱乐，使子孙无贫乏耳，汝曹何不释去兵权，择便好田宅市之，为子孙立永久之业，多置歌儿舞女，日饮酒相欢，以终其天年。君臣之间，两无猜嫌。不亦善乎？"皆再拜曰："陛下念臣及此，所谓生死而骨肉也。"明日皆称疾[2]，请解兵权。

熙宁中，作坊以门巷委狭，请直而宽广之。神宗以太祖创始，当有远虑，不许。既而众工作苦，持兵夺门，欲出为乱。一老卒闭而拒之，遂不得出，捕之皆获。

神宗一日行后苑，见牧豭猪[3]者，问："何所用？"牧者曰："自太祖来，常令畜，自稚养至大，则杀之，更养稚者。累朝不改，亦不知何用。"神宗命革之，月余，忽获妖人于禁中，索猪血浇之，仓卒不得，方悟祖宗远虑。

【评】或谓宋之弱，由削节镇之权故。夫节镇之强，非宋强也。强干弱枝，自是立国大体。二百年弊穴，谈笑革之。终宋世无强臣之患，岂非转天移日手段？若非君臣偷安，力主和议，则寇准、李纲[4]、赵鼎[5]诸人用之有余。安在为弱乎？

【注释】

①唐季：唐朝末年。

②称疾：以生病为托词。

③豭猪：公猪。

④李纲：字伯纪，两宋之交著名抗战派大臣，因对金人主战而被贬谪。

⑤赵鼎：字元镇，南宋大臣，因与秦桧政见不合，被谪岭南。

【译文】

当初，宋太祖对赵普说："自从唐末以来短短数十年之间，天下称帝王者不下十姓，战乱不止，民不聊生，这是什么缘故呢？"赵普说："这是由于藩镇太强，皇室太弱的缘故。如今应该逐渐削弱他们的兵权，限制他们的军饷，把他们的精锐部队收归中央，这样的话天下自然就能安定了。"赵普话未说完，太祖就说："你不用再说，我已经明白了。"不久，太祖和老朋友石守信等人一起喝酒，喝到尽兴之时，太祖屏退左右侍从，对他们说："如果没有你们的协助，我就不会达到今天这种地步，想到你们的恩德，实在深厚无穷。然而做天子也非常艰难，实在不如当节度使时快乐。我现在整晚都内心忧虑，睡不好觉。"石守信等人问："为什么呢？"太祖说："这个不难明白。天子这个位子又有谁不想坐呢？"石守信等人都惶恐地叩头说："陛下您为什么这样说？"太祖说："你们自己虽然没有这样的意思，可是如果你们的部下想要富贵，有一天也把黄袍强加在你们身上，就算你们不想做也不行啊！"石守信等人叩头流涕道："臣等愚蠢，都没有想到这一点，希望陛下可怜我们，给我们指点一条生路。"太祖说："人生苦短，恰如白驹过隙，追求富贵亦不过是多得一些金钱，多一些享乐，使子孙不致贫困罢了。你们何不放弃兵权，购买良田美宅，为子孙立下永久的基业，再多安置些歌舞美女，每天喝酒作乐颐养天年。如此君臣之间也就不会互相猜疑，这样不是很好吗？”石守信等人再次拜谢说：“陛下这样体恤顾念我们，恩同再造。”到了第二天，这些人便都宣称自己生病，请求解除兵权。

宋神宗熙宁年间，皇家作坊的工人认为坊间门巷弯曲狭窄多有不便，请求改直拓宽，神宗认为门巷尺度是太祖创制的，必有远虑，不同意改建。后来，很多人因为工作太苦，心生不满，手拿兵器想冲出来作乱。结果只用一个老兵把巷门关闭拒守，他们便都无法出来，全部被擒获。

有一天神宗在后园里游玩，看见有人在放牧公猪，便问有什么用处，牧养的人说：“自太祖以来，就命令养一只公猪，要把它从小养大，然后杀掉，再重新换养小的，几代都没有改变，也不知道到底有什么用。”神宗便命令把这件事取消了。一个多月以后，宫内忽然捉到施妖术的人，要找猪血来浇他却找不到，神宗这才领悟到祖先的远虑。

【评译】有人说宋朝的衰弱，是由于削夺藩镇的兵权造成的。其实藩镇强大，并非朝廷的强大。强干弱枝才是立国之本。从安史之乱以来两百多年所累积的国家大害在谈笑间就消除了，在整个宋朝始终没有强臣之患，这难道不是极为高明的手段吗？如果不是宋朝君臣上下大都苟且偷安，力主和议，那么，任用寇准、李纲、赵鼎等人来对付北虏，就足够了，哪里会有衰弱之讥呢？

司马光

【原文】

交趾[①]贡异兽，谓之麟。司马公[②]言：“真伪不可知。使其真，非自至不为瑞；若伪，为远夷笑。愿厚赐而还之。”

【注释】

① 交趾：古地名，今越南。

② 司马公：司马光，字君实，历官宋仁宗、英宗、哲宗三朝，著名

史学家，著有《资治通鉴》。

【译文】

宋朝时，交趾国遣使向宋朝进贡来一只珍奇异兽，说是麒麟。司马光说："大家都不知道麒麟是什么样子，也不知道是真是假。如果是真的，但不是它自己出现的，就算不得吉祥的象征；如果是假的，恐怕还会被远方的夷狄所笑。圣上应该厚赏使者，让他带回去。"

姚崇

【原文】

姚崇为灵武道大总管，张柬之等谋诛二张[①]，崇适自屯所还，遂参密议，以功封梁县侯。武后迁上阳宫，中宗率百官问起居[②]。五公相庆，崇独流涕。柬之等曰："今岂流涕时耶？恐公祸由此始。"崇曰："比与讨逆，不足为功。然事天后久，违旧主而泣，人臣终节也。由此获罪，甘心焉。"后五王被害，而崇独免。

【评】武后迁，五公相庆，崇独流涕。董卓诛，百姓歌舞，邕独惊叹。事同而祸福相反者，武君而卓臣，崇公而邕私也。然惊叹者，平日感恩之真心；流涕者，一时免祸之权术。崇逆知三思犹在，后将噬脐[③]，而无如五王之不听何也。吁，崇真智矣哉！

【注释】

①二张：张易之、张昌宗兄弟，为武则天宠幸，宫中称为五郎、六郎。

②问起居：请安。

③噬脐：指后悔已晚。

【译文】

唐朝名臣姚崇任灵武道大总管的时候，张柬之等人谋划诛杀武后宠幸的张易之、张昌宗二人，正赶上姚崇从屯驻之地回京，就参与了这个秘密计划，后来因功封为梁县侯。把武后迁往上阳宫时，中宗率领百官前去问安。张柬之等人相互称庆，只有姚崇悲伤流泪。张柬之等人说："现在哪里是流泪的时候呢？这样会惹祸上身的。"姚崇说："和你们一起讨平叛逆，本不算什么功劳。然而侍奉武后已久，一旦分别，因而伤心哭泣，这是人臣应有的节义。如果因此获罪，我也心甘情愿。"后来柬之等人都被杀害了，只有姚崇幸免于难。

【评译】武后迁入上阳宫，五公相庆贺，只有姚崇流泪伤心。东汉时董卓被杀，百姓载歌载舞，只有蔡邕叹息不止。事情相同而遭遇的祸福却相反。因为武后是君，董卓是臣；姚崇为公，蔡邕为私的缘故。然而叹息是感恩的真心表现，流泪却是一时免祸的权术。姚崇想到武三思(武后的侄子)还在朝廷之上，日后必会报复，便不像其他几人那样忘乎所以。唉，姚崇真聪明啊！

杨荣

【原文】

王振谓杨士奇等曰："朝廷事亏三杨[①]先生，然三公亦高年倦勤矣。其后当如何？"士奇曰："老臣当尽瘁报国，死而后已。"荣曰："先生休如此说，吾辈衰残，无以效力，行当择后生可任者以报圣恩耳。"振喜，翼日即荐曹鼐、苗衷、陈循、高谷等，遂次第擢用。士奇以荣当日发言之易[②]。荣曰："彼厌吾辈矣，吾辈纵自立，彼其自已乎？一旦内中出片纸，命某人入阁，则吾辈束手而已。今四人竟是吾辈人，当一心协力也。"士奇服其言。

【评】李彦和《见闻杂记》云："言官论劾大臣，必须下功夫，看见眼前何人可代者，必贤于去者，必有益于国家，方是忠于进言。若只做得这篇文字，打出自己名头，毫于国家无补，不如缄口不言，反于言责无损。"此亦可与杨公之论合看。

【注释】

① 三杨：指杨士奇、杨荣、杨溥。为明英宗时内阁学士，也是明朝著名大臣，并称“三杨”。

② 易：轻易，不慎重。

【译文】

明朝宦官王振对杨士奇等人说：“朝廷的政事多亏三位杨先生的尽心尽力，然而三位先生年纪也大了，不知日后有什么打算呢？”杨士奇说：“老臣当竭诚报国，鞠躬尽瘁，死而后已。”杨荣说：“先生别这样说，我们已经老了，无法再为朝廷效力，而是应推举一些可担当国事的后辈，来报答圣上的大恩。”王振听了很高兴。第二天，杨荣便上书举荐曹鼐、苗衷、陈循、高谷等人，这些人依次得到朝廷任用。杨士奇认为杨荣当天不应随便说那些话。杨荣说：“王振已经很讨厌我们了，我们纵然能互相扶持，难道能改变他讨厌我们的心意吗？一旦大内传出只言片语，要命某人入阁，我们还是会束手无策。可现在这四个人毕竟都是我们的人，大家当同心协力才是。”杨士奇听后非常佩服他的远见卓识。

【评译】李彦和《见闻杂记》说：“谏官要弹劾当政大臣，必须先下工夫仔细观察研究，看看当下谁能接替这个职位，而且必须要比被参劾的人更贤明，必须有益于国家，才算是忠于进谏。如果只是做一篇漂亮文字，打响自己的名头，对国家没有丝毫益处，还不如闭口不言，反而可以无损于谏官的职责。”这种说法，可以和杨荣的观点相互参考。

程颢

【原文】

程颢为越州佥判，蔡卞为帅，待公甚厚。初，卞尝为公语：“张怀素道术通神，虽飞禽走兽能呼遣之。至言孔子诛少正卯，彼尝谏以为太早；汉祖成皋相持，彼屡登高观战。不知其岁数，殆非世间人也！”公每窃笑之。及将往四明，而怀素且来会稽。卞留少俟，公不为止，曰：“‘子不语怪、力、乱、神’[①]，以不可训也，斯近怪矣。州牧既甚信重，士大夫又相谄合，下民从风而靡，使真有道者，固不愿此。不然，不识之未为不幸也！”后二十年，怀素败，多引名士。(边批：欲以自脱。)或欲因是染公，竟以寻求无迹而止。非公素论守正，则不免于罗织矣。

【评】张让，众所弃也，而太丘[②]独不难一吊；张怀素，众所奉也，而伯淳独不轻一见。明哲保身，岂有定局哉！具二公之识，并行不悖可矣！蔡邕亡命江海积十二年矣，不能自晦以预免董卓之辟；逮既辟，称疾不就犹可也，乃因卓之一怒，惧祸而从；受其宠异，死犹叹息。初心谓何？介而不果，涅而遂淄，公论自违[③]，犹望以续史幸免，岂不愚乎？视太丘愧死矣！

《容斋笔记》云：会稽天宁观老何道士，居观之东廊，栽花酿酒，客至必延之。一日有道人貌甚伟，款门求见。善谈论，能作大字。何欣然款留，数日方去。未几，有妖人张怀素谋乱，即前日道人也。何亦坐系狱，良久得释。自是畏客如虎，杜门谢客。忽有一道人，亦美风仪，多技术。西廊道士张若水介之来谒，何大怒骂，合扉拒之。此道乃永嘉林灵噩，旋得上幸，贵震一时，赐名灵素，平日一饭之恩无不厚报。若水乘驿赴阙，官至蕊珠殿校籍，父母俱荣封。而老何以尝骂故，朝夕忧惧。若水以书慰之，始少安。此亦知其一不知其二之鉴也！

【注释】

① 子不语句：语出《论语》。

② 太丘：指东汉陈寔，因其曾任太丘县令。

③ 公论自违：公众的评论与自己的言论相悖逆。

【译文】

宋朝程颢担任越州佥判时，蔡卞为元帅，对待程颢颇为优厚。当初，蔡卞对程颢说："张怀素的道术非常神通广大，即使是飞禽走兽，也可以呼喝差遣。张怀素说孔子杀少正卯时，他曾劝孔子说杀得太早了；汉高祖和项羽在成皋作战相持不下时，他也曾多次登楼观战。不知道他现在有多大年纪了，大概不是世间的凡人吧。"程颢每次听了这样的话都偷笑不已。后来程颢去四明时，张怀素也正准备去会稽，蔡卞便示意程颢稍微等一下。程颢没有等他，说："孔子不谈怪力乱神之事，因为这些内容不适合教育学生，张怀素的所作所为也接近神怪的迹象，州牧既看重他，士大夫又都逢迎他，老百姓更是盲目附和。真有道术的人是不会如此的。更何况，不认识他也未必不是件好事。"二十年后，张怀素东窗事发，供出一些与他有关系的名人。（边批：想要把自己脱离干系。）有人想借机诬陷程颢，但后来因为找不到二人有丝毫的关系而作罢。如果不是因为程颢向来言行正直，没有漏洞可寻，就不免要被人陷害了。

【评译】张让是大家都讨厌的人，唯有陈寔却肯去吊祭他的父亲；张怀素是众人所推崇的，而独有程颢不肯与他见面。明哲保身，哪有固定的方法呢？如果能同时具有这两位先生的见识，不相违背而行就可以了。蔡邕逃亡隐居长达十二年之久，还是不能隐藏自己的才名而被董卓征召；既被征召，他也还可以称病不去，却因为害怕董卓生气，怕降祸于自己而最终顺从了；并且受到董卓的宠幸，最后还为董卓之死而叹息。蔡邕起初心志耿介却不能坚持到底，终于受到小人的影响，而违背自己的理念和言论，还希望继续修纂历史以求赦免，这不是很愚蠢吗？蔡邕比起陈寔，真应该羞愧而死！

据《容斋笔记》记载：会稽天宁观的何道士，住在观里的东廊，平日种花酿酒，有客人来就热情地招待。一天，有个道人登门求见，其人容貌俊伟，善于言谈，写得一手好字。何道士很高兴地招待他，此人待了好几天才离开。不久有妖人张怀素谋乱，而张怀素正是前日他招待的道人，何道士因此受到连累，在牢里待了很长时间才被释放出来。从此，何道士害怕客人就像害怕老虎一般，并关起门来谢绝拜访。某天忽然有一个道人，容貌也很俊美，又多才多艺，是西廊道士张若水介绍他来的，何道士不问青红皂白开口大骂，关起门来不让他进来。但没想到这位道士是永嘉的林灵噩，其不久之后得到皇帝宠幸，显贵一时，赐名灵素。林灵素平日接受别人一点恩惠，无不加倍报答。张若水乘驿车到京城去，官至蕊珠殿校籍，父母也都受到封赏；而何道士则因为曾经骂过他的缘故，早晚都担心害怕。直到张若水写信安慰他，何道士才稍微安心了些。这些事件是可以作为只知其一、不知其二的借鉴吧。

李晟

【原文】

李晟之屯渭桥也，荧惑守岁[①]，久乃退，府中皆贺曰："荧惑退，国家之利，速用兵者昌。"晟曰："天子暴露，人臣当力死勤难，安知天道邪？"至是乃曰："前士大夫劝晟出兵，非敢拒也。且人可用而不可使之知也。夫唯五纬盈缩不常，晟惧复守岁，则吾军不战自屈矣！"皆曰："非所及也！"

【评】田单欲以神道疑敌，李晟不欲以天道疑军。

【注释】

① 荧惑守岁：荧惑指火星，岁指木星。荧惑守岁是指火星出于木星之旁，古人认为国将有灾。

【译文】

唐朝人李晟屯兵渭桥时，天象上出现火星冲犯木星，很久才退散开，府中的人都来道贺说："火星已退，国家的运气要好转了。此时赶紧用兵必能取胜。"李晟说："天子遇到危险困难，做臣子的应该尽力去排解保护，哪有时间去管天象的事呢？”又说：“以前士大夫劝我出兵，我不是敢于拒绝。而是因为一般人只可命令他们做事，要使他们了解为何那样做则是不可能的。如果金木水火土五星运转不合常理，我自己又怕所谓的火星冲犯木星，那我的军队不必作战就自己屈服了。”众人都说：“我们都没能想到这层道理。”

【评译】田单想用神道来迷惑敌人，李晟则不想因天道变化而使士兵心存疑惑。

郭子仪

【原文】

郭令公[①]每见客，姬侍满前。乃闻卢杞[②]至，悉屏去。诸子不解。公曰：“杞貌陋，妇女见之，未必不笑。他日杞得志，我属无噍类[③]矣！”

【评】齐顷以妇人笑客，几至亡国。令公防微之虑远矣。

王勉夫云：“《宁成传》末载，周阳由为郡守，汲黯、司马安[④]俱在二千石列，未尝敢均茵。司马安不足言也，汲长孺与大将军亢礼，长揖丞相，面折九卿，矫矫风力[⑤]，不肯为人下，至为周阳由所抑，何哉？周盖无赖小人，其居二千石列，肆为骄暴，凌轹同事，若无人焉。汲盖远之，非畏之也。异时河东太守胜屠公不堪其侵权，遂与之角，卒并就戮。玉石俱碎，可胜叹恨！士大夫不幸而与此辈同官，逊而避之，不失为厚，何苦与之较而自取辱哉！”

【注释】

① 郭令公：郭子仪，令公，唐时凡任中书令的皆可称令公，郭子仪累官至太尉、中书令，故称。

② 卢杞：貌丑面蓝，有口才，唐德宗擢为门下侍郎、同中书门下平章事。得志后，险恶毕露，后贬为新州司马，徙澧州别驾死。

③ 噍类：会吃东西的人。指活口。

④ 司马安：汲黯的外甥。

⑤ 矫矫风力：形容刚直不阿，超出一般人。

【译文】

唐朝名将郭子仪每次见客，必定有侍女多人服侍左右。但一听说卢杞要来，他却让侍女全部回到后面去。他的儿子们都不明白这是为什么，郭令公说："卢杞容貌丑陋，妇人见了，恐怕会笑话他的容貌。将来卢杞如果得志，我们就全活不成了。"

【评译】齐顷公用后宫妇女来嘲笑客人，几乎导致亡国。郭令公防微杜渐地深思远虑，实在不是常人可及的啊。

王勉夫说："《宁成传》篇末记载，周阳由任郡守时，汲黯、司马安都是二千石高官，却都不和周阳由平起平坐。司马安的身份地位不够，可以不谈；但汲黯敢于和大将军分庭抗礼，对宰相也只行长揖之礼，还敢当面指责公卿贵人，刚直的风范从不屈居人下，但是却为周阳由所压制，这是为什么呢？周阳由实在是无赖小人，他任二千石级的高官，放肆蛮横，欺凌同僚，旁若无人。汲黯其实是要远离他，而非怕他。后来河东太守胜屠公受不了周阳由的嚣张跋扈而和他争斗，最终一起被杀，玉石俱焚，这实在是令人惋惜。士大夫不幸和这种人同朝共事，应该远远地避开他，这样才是上策。何必和这种小人争斗，自取羞辱呢？"

三、以简驱繁

【原文】

世本无事，庸人自扰。唯通[①]则简，冰消日皎[②]。集"通简"。

【注释】

① 通：通达情理。

② 皎：白亮。

【译文】

世间本无事，庸人自扰之。只有通达之人，遇事才能化繁为简；就像太阳一出，自然就能化冰消雪。集此为“通简”一卷。

宋真宗

【原文】

宋真宗朝，尝有兵士作过，于法合死，特贷命决脊杖二十改配①。其兵士高声叫唤乞剑②，不服决杖，从人把捉不得，遂奏取进止③。传宣云：“须决杖后别取进止处斩。”寻决讫取旨，真宗云：“此只是怕吃杖。既决了，便送配所，莫问。”

【注释】

①配：发配。

②乞剑：要求受剑而死。

③进止：处置意见。

【译文】

北宋真宗赵恒当朝时，有一个士兵犯了罪过，按法律应当处死。真宗饶他一命，判决打二十脊杖发配远方。这个士兵高声叫唤愿受剑处死，而不愿服处杖刑，执刑的人把握不住如何是好，于是向真宗奏请处理意见。殿上传宣圣旨道：“必须先服杖刑后，再来听旨是否处斩。”不一会施过杖刑后，执刑者来取圣旨，真宗说：“他只是害怕挨杖刑；既然已经打过了，就送去发配之地，别的不再问了。”

汉光武帝

【原文】

光武诛王郎①，收文书，得吏人与郎交关谤毁②者数千章。光武不省③，会诸将烧之，曰："令反侧子④自安！"

【评】宋桂阳王休范举兵浔阳，萧道成⑤击斩之。而众贼不知，尚破台军⑥而进。宫中传言休范已在新亭，士庶惶惑，诣垒投名者以千数。及至，乃道成也。道成随得辄烧之，登城谓曰："刘休范父子已戮死，尸在南冈下，我是萧平南⑦，汝等名字，皆已焚烧，勿惧也！"亦是祖光武之智。

【注释】

① 王郎：王莽末年义军首领，自立为帝，后为光武帝刘秀所诛。

② 交关谤毁：互相串通，毁谤刘秀的信件。

③ 不省：不理会。

④ 反侧子：指毁谤过刘秀，心怀惶恐的人。

⑤ 萧道成：时为刘宋中领军，后废帝自立，为齐太祖。

⑥ 台军：朝廷军队，南朝时称朝廷为台。

⑦ 萧平南：萧道成曾为平南将军。

【译文】

汉光武帝处死王郎之后，收集有关的文书，得到数千份官吏们与王郎交往的信函。光武帝一件也没有查看，而是把手下诸将集合起来，下令将所有信件当众烧毁，他说："让原来反对过我的人可以安枕无忧！"

【评译】南朝宋时，桂阳王刘休范在浔阳城起兵谋反，被萧道成击破杀死。刘休范的兵众不知道情况，还在向官军进攻。宫中传说刘休范叛军已到达新亭，士大夫和百姓都惶恐不已，到叛军军营报名投降的有上千人。等到大军抵达，众人才知道是萧道成。萧道成接到投降名册就烧掉了，并登上城对他们说："刘休范父子已经被杀，尸体在南山下，我是萧平南，你们中投降的名字都已经烧了，不必害怕。"这大概也是效法光武帝安定人心的智计吧？

文彦博

【原文】

文潞公[①]知成都，尝于大雪会客，夜久不罢。从卒有谇语[②]，共拆井亭烧以御寒。军校白之，座客股栗。公徐曰："天实寒，可拆与之。"神色自若，饮宴如故。卒气沮，无以为变。明日乃究问先拆者，杖而遣之。

【评】气犹火也，挑之则发，去其薪则自熄，可以弭乱，可以息争。苏轼通判密郡[③]，有盗发而未获。安抚使遣三班使臣领悍卒数十人入境捕之，卒凶暴恣行，以禁物诬民，强入其家争斗。至杀人，畏罪惊散。民诉于轼，轼投其书不视，曰："必不至此。"悍卒闻之，颇用自安。轼徐使人招出戮之。遇事须有此镇定力量，然识不到，则力不足。

【注释】

① 文潞公：即文彦博，封潞国公。

② 谇语：牢骚话。

③ 密郡：即密州，今山东诸城。

【译文】

北宋仁宗时，潞国公文彦博在成都任益州知府，曾经在一个大雪天中宴请宾客，夜深了还没有散席。随从的士兵有人大发牢骚，并且把井亭拆掉烧了避寒。一个军校把这些向文彦博报告了，席上的宾客听后都吓得直打战。文彦博镇定地说："天气也确实冷，就让他们把井亭拆了去烤火吧。"说毕神色自若地继续照旧饮酒。随从的士兵们泄了气，再也没有找借口闹事。第二天，文彦博查问清是谁先动手拆井亭，把此人杖责一顿押送走了。

【评译】怒气就像是火，越去挑拨它就越烧越旺，如果抽去木柴，就会自然熄灭。处置适当可以消弭祸乱，可以平息战争。

苏轼任密州通判时，有盗窃发生却没有捕获盗贼。安抚使派三班使臣率领强悍士卒数十人，入境来捉捕盗贼。那些士卒凶暴放肆，用禁制的物品来诬陷一个百姓，强行进入他家争斗，最后杀了人，犯事后畏罪逃逸。老百姓向苏轼控诉，苏轼丢下诉状不去看它，说："事情不可能到这种地步。"那些杀人的士卒听到这话，便放下心来。之后，苏轼才慢慢派人把他们捉来处死。遇事就需要这种镇定的力量，然而如果见识不够，力量也就不足。

韩愈

【原文】

韩愈[1]为吏部侍郎。有令史[2]权势最重，旧常关锁，选人[3]不能见。愈纵之，听其出入，曰："人所以畏鬼者，以其不能见也；如可见，则人不畏之矣！"

【评】主人明，不必关锁；主人暗，关锁何益？

【注释】

①韩愈：唐代思想家，文学家，通六经百家之学，为唐宋八大家之一。

②令史：三省六部及御史台的低级事务员。

③选人：候补任用的官员。

【译文】

唐代韩愈曾任吏部侍郎。吏部的吏员中令史的权势最重，因为是吏部过去常关锁着，等待选补任命的官员不能到吏部来见面。韩愈上任后，将关锁放开，任凭候选官员出入，他说："人们之所以怕鬼，是因为见不到鬼；如果能够看得见，那么人们就不会怕鬼了。"

【评译】主人光明正大，就不必关门；主人阴暗不轨，关门又有什么用呢?

裴度

【原文】

公[①]在中书，左右忽白以失印，公怡然，戒勿言。方张宴举乐，人不晓其故。夜半宴酣，左右复白印存，公亦不答，极欢而罢。人问其故，公曰:"胥吏辈盗印书券，缓之则复还故处，急之则投水火，不可复得矣。"

【评】不是矫情镇物，真是透顶光明。故曰"智量"，智不足，量不大。

【注释】

①公：裴度，封晋国公。

【译文】

唐朝人裴度担任中书省长官之时，有一天，身边的人忽然告诉他符印失窃了，裴公仍旧怡然自得，警告他们不要声张。当时正在宴客，左右不知何故。半夜酒饮得畅快时，身边的人又告诉他符印找到了，裴公也不回答，宴会尽欢而散。有人问他为什么不许寻找，裴公说："手下的小官盗符印去书写契券，写完就会放回原处。逼急了他们反而会恼羞成怒毁掉符印，那样就再也找不回来了。"

【评译】这并非故作安闲，以示镇静，实在是聪明绝顶。所以有"智量"之说，智慧不足，度量就不会大。

郭子仪

【原文】

汾阳王[①]宅在亲仁里，大启其第，任人出入不问。麾下将吏出镇来辞，王夫人及爱女方临妆，令帨汲水，役之不异仆隶。他日子弟列谏，不听，继之以泣，曰："大人功业隆赫，而不自崇重，贵贱皆游卧内，某等以为虽伊、霍[②]不当如此。"公笑谓曰："尔曹固非所料。且吾马食官粟者五百匹，官饩者一千人，进无所往，退无所据。向使崇垣扃户[③]，不通内外，一怨将起，构以不臣，其有贪功害能之徒成就其事，则九族齑粉，噬脐莫追。今荡荡无间，四门洞开，虽谗毁欲兴，无所加也！"诸子拜服。

鱼朝恩[④]阴使人发郭氏墓，盗未得。子仪自泾阳来朝，帝唁之，即号泣曰："臣久主兵，不能禁士残人之墓。人今亦发先臣墓，此天谴，非人患也！"朝恩又尝修具邀公，或言将不利公，其下愿裹甲以从。子仪不许，但以家僮数人往。朝恩曰："何车骑之寡？"子仪告以所闻。朝恩惶恐曰："非公长者，得无致疑。"

【评】德宗以山陵近禁屠宰。郭子仪之隶人犯禁，金吾将军[⑤]裴谞奏之。或谓曰："君独不为郭公地乎？"谞曰："此乃所以为之地也。郭公望重，上新即位，必谓党附者众，故我发其小过，以明郭公之不足畏，不亦可乎？"若谞者，可谓郭公之益友矣。看郭汾阳，觉王翦、萧何家数便小。

精于黄老之术，虽朝恩亦不得不为盛德所化矣。君子不幸而遇小人，切不可与一般见识。

【注释】

① 汾阳王：郭子仪，封汾阳郡王。

② 伊、霍：伊尹，商汤之臣；霍光，受汉武帝顾命辅佐昭帝。皆是历史上的名相。

③ 崇垣扃户：围墙高立，门户紧闭。

④ 鱼朝恩：宦官，恃宠骄横，后为唐代宗下令缢杀。

⑤ 金吾将军：掌京都警戒之官。

【译文】

唐代汾阳郡王郭子仪的住宅建在京都亲仁里，他的府门经常大开，任凭人们出入并不查问。他属下的将官们出外任藩镇之职来府中辞行，郭子仪的夫人和女儿若正在梳妆，就让这些将官们拿手巾、打洗脸水，像对仆人一样役使他们。后来有一天，家中子弟们都来劝谏郭子仪不要这样做，他不听。子弟们继续劝说，说着说着竟然哭了起来，他们说："大人功勋显赫可是自己不尊重自己，不论贵贱人等都能随便出入卧室之中。我们觉得即使是历史上有名的伊尹、霍光这些德高望重的大臣，也不会这样做。"郭子仪笑着对他们说："我这样做是你们所考虑不到的。而且我们家由公家供给五百匹马的粮草，一千人的伙食费用，位至极品，不能再高了，可是想退隐以避妒忌也不可能。假如我们家筑起高墙、关紧门户，内外密不相通，一旦有人结怨报复，就会编造我们种种越出臣子本分的罪状，如果有贪功害贤之人从中陷害成功，我们家将九族人都化为齑粉，后悔莫及。现在家中坦坦荡荡毫无遮拦，四门大开随便出入，即使有人想加以毁谤，也找不出借口来！"这番话说得子弟们一个个拜服不已。

唐代宗时，宦官鱼朝恩暗地派人盗挖郭子仪家族的墓地，未能偷到什么东西。郭子仪从驻地泾阳回京朝拜皇上，皇上就盗墓之事向郭子仪表示慰问，郭子仪当即哭着说："微臣长期领兵在外，未能禁止士兵掘毁别人的坟墓，现在有人盗发微臣祖上的坟墓，这是老天爷对我的惩罚，不能怪别人啊！"

鱼朝恩又曾经备下酒宴请郭子仪，有人说这是鱼朝恩想害郭子仪，部下们闻说愿意穿着铠甲随从而往。郭子仪不同意，只带着几个家童前往赴宴。鱼朝恩问道："为什么随从的车马这样少呀？"郭子仪把听到的话告诉给他，鱼朝恩惶恐害怕地说：“如果不是像您这样贤明的人，能不产生疑虑吗！”

【评译】唐德宗下令禁止在帝王陵墓的附近进行屠宰。郭子仪的一个仆隶犯了禁令，金吾卫将军裴谞把此事奏报给了皇帝。有人说：“你难道不能给郭公留点面子吗？”裴谞说：“我如此做正是为郭公着想啊！郭公德高望重，而皇上即位不久，一定会认为他党羽庞大，所以我才检举他的小过失，以表明郭公是无所畏惧的，不是很好吗？”裴谞此人，真可说是郭公的益友。比起郭子仪来，萧何、王翦的避祸方式就显得器量太小了。

为人最好能懂得黄老之术，这样即使遇到了像鱼朝恩这样的阴险小人，毕竟还是被郭子仪的盛德所感化。如果君子不幸遇到小人，切不可跟他一般见识。

牛弘

【原文】

奇章公牛弘[①]有弟弼，好酒而酗。尝醉，射杀弘驾车牛。弘还宅，妻迎谓曰：“叔射杀牛。”弘直答曰：“可作脯[②]。”

【评】冷然一语，扫却妇人将来多少唇舌！睦伦者当以为法。

【注释】

① 牛弘：隋初为秘书监，后拜吏部尚书，封奇章郡公，史称“大雅君子”。

② 脯：肉干。

【译文】

隋朝奇章郡公牛弘有个弟弟叫牛弼，爱喝酒而且常常酒后闹事。有一次他喝醉后，将牛弘驾车的牛射死了。牛弘回到家，他老婆迎上去告诉他："小叔子把牛射死了！"牛弘直截答道："那就做成牛肉干吧！"

【评译】冷静的一句话，便消除了妇人将来多少闲言碎语，希望家庭和睦的人都能以此为榜样。

四、游刃有余

【原文】

危峦前厄[①]，洪波后沸，人皆棘手，我独掉臂[②]。动于万全，出于不意；游刃有余，庖丁之技。集"迎刃"。

【注释】

① 阨：阻塞。

② 掉臂：挥动手臂，谓有所作为。

【译文】

前面有险峰阻路，后面又有洪水逼来之时，人人都会感到棘手惶遽，我却要奋起振作。掌握全局而后动，一动就要出其不意；游刃有余，犹如庖丁解牛之技一样。集此为"迎刃"一卷。

子产

【原文】

郑良霄[①]既诛，国人相惊，或梦伯有介[②]而行，曰："壬子余将杀带，明年壬寅余又将杀段！"驷带及公孙段果如期卒，国人益大惧。子产立公孙泄（泄，子孔子，孔前见诛）及良止（良霄子）以抚之，乃止。子太叔问其故，子产曰："鬼有所归，乃不为厉。吾为之归也。"太叔曰："公孙何为？"子产曰："说也。"以厉故立后，非正，故并立泄，比于继绝之义，以解说于民。

【评】不但通于人鬼之故，尤妙在立泄一着。鬼道而人行之，真能务民义而不惑于鬼神者矣！

【注释】

①郑良霄：字伯有，春秋时郑国大夫，专政自用，为诸大夫讨伐而死。

②介：带甲。

【译文】

春秋郑简公二十三年（前543）时，大夫良霄因专权，被驷带、公孙段等诸大夫群起而诛杀。然七年之后，郑国又有人因此事受到惊扰。有人在梦中见伯有（良霄字伯有）全身胄甲，披挂而来，对其说道："壬子日我要把驷带杀掉，明年的壬寅日我还要杀死公孙段！"而驷带与公孙段果然在这两天相继死去，于是，与诛杀良霄有关联的人们更加震惊恐惧起来。子产是良霄被诛后立为郑国执政的。这些事情发生后，他把良霄的儿子良止和以前也被诛杀的大夫子孔的儿子公孙泄重新立为大夫，以安抚他们，这些事情才不再发生。子产的儿子太叔问其缘故，子产回答："死人的鬼魂没有归宿，就成为无主游魂，并成为厉鬼而搅扰人。把他们的儿子重新立为大夫，就是为了能够有人祭祀他们，使他们有归宿。"大叔又问："那么立公孙泄为大夫是为什么？"子产说："是为了以继绝的名义向国人解说。"

【评译】子产不但通达人鬼之事，更妙的是立公孙泄这一招。鬼道由人来实行，真是能够一心为民而又不迷惑于鬼神。

主父偃

【原文】

汉患诸侯强，主父偃[①]谋令诸侯以私恩自裂地，分其子弟，而汉为定其封号；汉有厚恩而诸侯渐自分析弱小云。

【注释】

① 主父偃：汉武帝时人，为中大夫，上“推恩法”于武帝，即本条所言之谋。

【译文】

西汉时武帝忧患诸侯势力强盛，主父偃出谋令各诸侯王可以推施皇帝的恩泽，将自己的封地划开，再分给自己的子弟，只要由汉王为其确定封号就行。自此，汉室有了广厚的恩泽而各诸侯逐渐分崩离析势力弱小了。

裴光庭

【原文】

张说以大驾[①]东巡，恐突厥乘间入寇，议加兵备边，召兵部郎中裴光庭谋之。光庭曰：“封禅，告成功也，今将升中于天而戎狄是惧，非所以昭盛德也。”说曰：“如之何？”光庭曰：“四夷之中，突厥为大。比屡求和亲，而朝廷羁縻未决许也。今遣一使，征其大臣从封泰山，彼必欣然承命。突厥来，则戎狄君长无不皆来，可以偃旗卧鼓，高枕有余矣。”说曰：“善！吾所不及。”即奏行之。遣使谕突厥，突厥乃遣大臣阿史德颉利发入贡，因扈从[②]东巡。

【注释】

① 大驾：皇帝出行的队伍。

② 扈从：随侍帝王出巡。

【译文】

唐玄宗开元十三年（725），宰相张说考虑到天子大驾东去泰山封禅，恐怕突厥乘机侵犯边境，主张加派军队守备边防，他找来兵部郎中裴光庭一同商量这件事。裴光庭说：“天子封禅，是向天下表明治国的成功。现在将要宣告成功的时候却害怕突厥的入侵，这就显示不出大唐的强盛和功德了。”张说问道：“那怎么办呢？”裴光庭答道：“四方的夷国之中，突厥是个大国，他们屡次要求与朝廷和亲，可是朝廷一直犹豫不决没答应。现在派遣一名使者，征求突厥国派一名大臣，随从天子封禅泰山，他们必定欣然从命。只要突厥来人，那么其他外族的君长就没有不来的了。这样，边境上可以偃旗息鼓，高枕无忧了！”张说道：“对！你的见解是我所不及的。”张说立即向天子奏明，按裴光庭的建议执行，派遣使者知会突厥。突厥于是派遣大臣阿史德颉利发入朝进贡，接着随从天子去泰山封禅。

陈平

【原文】

燕王卢绾反，高帝使樊哙以相国将兵击之。既行，人有短恶哙者，高帝怒，曰：“哙见吾病，乃几[①]吾死也！”用陈平计，召绛侯周勃受诏床下，曰：“平乘驰传[②]，载勃代哙将。平到军中，即斩哙头！”二人既受诏行，私计曰：“樊哙，帝之故人，功多。又吕后女弟女媭夫，有亲且贵。帝以忿怒故欲斩之，即恐后悔，(边批：精细。)宁囚而致上，令上自诛之。”平至军，为坛，以节召樊哙。哙受诏节，即反接载槛车诣长安，而令周勃代，将兵定燕。平行，闻高帝崩，平恐吕后及吕媭怒，乃驰传先去。逢使者，诏平与灌婴屯于荥阳。平受诏，立复驰至宫，哭殊悲，因奏事丧前。吕太后哀之，曰：“君出休矣。”平因固请，得宿卫中，太后乃以为郎中令，曰：“傅教帝。”是后吕媭谗乃不得行。

【评】谗祸一也，度近之足以杜其谋，则为陈平；度远之足以消其忌，则又为刘琦。宜近而远，宜远而近，皆速祸之道也。

刘表爱少子琮，琦惧祸，谋于诸葛亮，亮不应。一日相与登楼，去梯，琦曰："今日出君之口，入吾之耳，尚未可以教琦耶？"亮曰："子不闻申生在内而危，重耳在外而安乎？"琦悟。自请出守江夏。

【注释】

①几：盼望。

②驰传：四匹良马所拉的驿车，紧急时方动用。

【译文】

西汉初，燕王卢绾发动叛乱，高帝（高祖）刘邦正在生病，就命令樊哙以相国的身份领兵进击。即将出发的时候，有人散布流言飞语，诬告樊哙，刘邦发怒了，说："樊哙见我生病，竟然盼望我死！"便用陈平的计谋，召绛侯周勃二人受诏于床前，命令道："陈平驾驭急命驿车，速载周勃到樊哙军中去代替他的职务。陈平到樊哙军之后，要立即将樊哙斩首。"陈周二人受过诏后，私下商议说："樊哙是皇帝的故亲，平生功绩颇多，又是吕后妹妹吕媭的丈夫，既亲且贵，皇帝在激愤的情绪之中想处斩樊哙，就恐怕他以后后悔。我们不如把樊哙拘禁起来而送交皇帝，使皇帝自己把樊哙诛杀。"

陈平到了樊哙军中后，令人做坛，以节杖召来樊哙。樊哙拜受诏节后，就反缚其臂乘坐囚禁犯人的槛车到长安去，于是周勃代替樊哙领兵定燕。陈平囚樊哙行之路上，听说皇帝驾崩，恐怕吕后和吕媭迁怒于他，就让囚车先去长安。后来，陈平遇到朝廷使者，命令陈平与灌婴驻守荥阳。陈平接受诏书后，立刻急驰进宫，大声痛哭，趁着出丧之前向太后禀奏前事。吕太后对陈平表示了同情，说："你出去的这件事就算了吧！"陈平趁此坚持请求太后让他任住宿宫中的护卫一职，于是太后任命他为郎中令，负责掌管宫殿护卫，太后并且说："你还要教导、辅佐皇帝。"但此后因受到吕媭的谗言而未能这样执行。

【评译】同样是遭到谗言的祸患，考虑到应在近处以杜绝他人的阴谋，这是陈平的做法；认为应躲到远处以平息他人的猜忌，这是刘琦的做法。该近而远，该远而近，这些都会加速祸害的降临。

刘表喜爱小儿子刘琮，长子刘琦怕有祸临身，便找诸葛亮问计，诸葛亮却一直没有回答他。有一天，两人一起登楼，上楼之后，刘琦让人把梯子拿掉，对诸葛亮说："现在从您口中说出的话，只会进入我的耳朵，绝对不会有第三者听到，您还不能教我吗？"诸葛亮说："你没听说过同为晋献公的儿子，申生留在国内是危险的，重耳逃到国外反而安全了吗？"刘琦恍然大悟，遂自请外放镇守江夏。

于谦

【原文】

永乐间，降虏多安置河间、东昌等处，生养蕃息，骄悍不驯。方也先入寇时，皆将乘机骚动，几至变乱。至是发兵征湖、贵及广东、西诸处寇盗。于肃愍[①]奏遣其有名号者[②]，厚与赏犒，随军征进。事平，遂奏留于彼。于是数十年积患，一旦潜消。

【评】用郭钦徙戎之策而使戎不知，真大作用。

【注释】

① 于肃愍：于谦，明景帝时为兵部尚书，加少保，总督军务。明英宗复辟后为人构陷被杀，追赠太傅，谥肃愍，后改谥忠肃。

② 有名号者：指大小首领。

【译文】

明永乐年间，成祖把多次征北战争中的降虏大都安置在了河间、东昌一带，经过生养蕃息，他们形成了一个骄悍不驯的群体。到正统年间，正当北方瓦剌部落的也先进犯京师的时候，他们将要乘机骚动，几乎酿成变乱。直到景泰年间，朝廷发兵镇压湖、贵及广东、广西等处的民众造反时，于肃愍（于谦的谥号）奏请皇上，派遣他们中的大小首领，厚以赏犒，让他们随军征进。事情结束后，经过奏请，他们就留到了这些地方。于是，数十年的积患，悄悄地消除了。

【评译】于谦用晋朝郭钦迁徙戎狄的计策却能使戎狄毫无所知，真是高明得很啊。

刘大夏 张居正

【原文】

庄浪土帅鲁麟[①]为甘肃副将，求大将[②]不得，恃其部落强，径归庄浪，以子幼请告。有欲予之大将印者，有欲召还京，予之散地者。刘尚书大夏独曰："彼虐，不善用其众，无能为也。然未有罪。今予之印，非法；召之不至，损威。"乃为疏，奖其先世之功[③]，而听其就闲。麟卒怏怏病死。

黔国公沐朝弼，犯法当逮。朝议皆难之，谓朝弼纲纪之卒且万人，不易逮，逮恐激诸夷变。居正[④]擢用其子，而驰单使缚之，卒不敢动；既至，请贷其死，而锢之南京，人以为快。

【评】奖其先则内愧，而怨望之词塞；擢其子则心安，而巢穴之虑重。所以罢之锢之，唯吾所制。

【注释】

① 土帅：由当地土司担任的军职。鲁麟是庄浪卫世袭指挥。

② 大将：即总兵。

③ 先世之功：鲁麟的父亲曾领兵平叛，官至甘肃总兵。

④ 居正：张居正，明万历间首辅，大政治家。

【译文】

明代，庄浪土帅鲁麟是甘肃副将，他因争甘肃大将的官职没有成功，便依仗自己部落的势力强大，直接回到庄浪，以儿女年幼为由请假告休。

对此，朝中议论纷纷，有主张把大将印玺授与他的，有主张召他进京，给他个闲散职务的。尚书刘大夏排斥众议，说道："鲁麟性情残暴，不善于使用民众，是没有作为的。然而他没有犯罪，现在，给他将印，不合法制；召之不来，有损威信。"于是给皇帝奏议，奖励鲁麟先世的忠勇功绩，对鲁麟却听其就闲。后鲁麟最终怏怏病死。

明黔国公沐朝弼犯法应当逮捕。朝臣们议论时，都感到这件事很难办，说沐朝弼府中士卒近万人，不易逮捕，逮捕时恐怕激成兵变。首辅张居正就提拔了沐朝弼儿子的官职,并专派使者驰往沐府将沐朝弼擒获，府中士卒不敢动手。捉来沐朝弼后，张居正请求赦免他的死刑，而把他禁锢在南京，人们都感到很痛快。

【评译】褒奖鲁麟的祖先，这样就使他内心愧疚而无从发出抱怨的言辞；提拔沐朝弼的儿子，使他心安而内部出现猜疑之心。因而不论是罢黜，还是禁锢，全都在我的掌握之中。

【译文】

北宋仁宗时，西部边疆发生战争，大将刘平阵亡。朝中舆论认为，朝廷委派宦官做监军，致使主帅不能全部发挥自己的指挥作用，所以刘平失利。仁宗下诏诛杀监军黄德和，有人上奏请求把各军元帅的监军全部罢免掉。仁宗为此征求吕夷简的意见，吕夷简回答说："不必罢免，只要选择为人谨慎忠厚的宦官去担任监军就可以了。"仁宗委派吕夷简去选择合适的人选，吕夷简又回答说："我是一名待罪宰相，不应当和宦官交往，怎么知道他们是否贤良呢？希望皇上命令都知、押班，只要是他们所荐举的监军，如有不胜任其职务的，与监军共同治罪。"仁宗采纳了吕夷简的意见。第二天，都知、押班在仁宗面前叩头，请求罢免各监军的宦官。朝中士大夫都称赞吕夷简有谋略。

李迪与吕夷简同任宰相。李迪曾经规划事情，而吕夷简觉得自己不如他。有人说："李柬考虑事情更胜过他的父亲。"吕夷简就告诉李迪说："令郎柬的才智可以好好借重。"于是禀奏天子命李柬为两浙提刑（掌管诉讼、刑狱的官吏）。李迪父子都很高兴。李柬赴任以后，不能再凡事提醒。李迪年老健忘，因而被免除宰相之职。李迪才发现这正是吕夷简的阴谋。

【评译】杀掉一个监军，还会有其他的监军存在；由我罢除，将来一旦有过失，他们就会拿我来当借口，还不如让他们自己主动请求罢除，这样对公对私都有好处。吕蒙正称吕夷简有宰相之才，实在没错。可惜他有才干而无度量，例如他忌妒富弼、李迪，都用小人的才智陷害他们。比起古代名臣的风范气度，还是相差得太远了。

第二部 明 智

明智部总序

【原文】

冯子曰：自有宇宙以来，只争“明”“暗”二字而已。混沌暗而开辟明，乱世暗而治朝明，小人暗而君子明；水不明则腐，镜不明则锢，人不明则堕于云雾。今夫烛腹[①]极照，不过半砖，朱曦[②]霄驾，洞彻八海；又况夫以夜为昼，盲人瞎马，侥幸深溪之不陨也，得乎？故夫暗者之未然，皆明者之已事；暗者之梦景，皆明者之醒心；暗者之歧途，皆明者之定局。由是可以知人之所不能知，而断人之所不能断，害以之避，利以之集，名以之成，事以之立。明之不可已也如是，而其目为“知微”，为“亿中”，为“剖疑”，为“经务”。吁！明至于能经务也，斯无恶于智矣！

【注释】

①烛腹：指萤火虫。

② 朱曦：指太阳。

【译文】

冯梦龙说：自从有了宇宙以来，就有了“明”和“暗”的对比与争斗。混沌时期“暗”而开天辟地时“明”，乱世“暗”而治世“明”，小人“暗”而君子“明”；流水不明就会腐烂肮脏，镜子不明则无法照影鉴衣，人如果不明则会陷入混乱愚昧之中。萤火虫的光再大，其光不过半块砖头大小，太阳在高空运行，其光辉照彻天下各处；何况把夜间当成白天，就像盲人骑着瞎马一样，怎么可能不坠入粉身碎骨的深渊之中呢？所以，对于“暗”者不明白的事，都是“明”者了然于胸的事；对于“暗”者变幻莫测的事，都是“明”者很确定的事；对于“暗”者不知如何选择的事，都是“明”者很容易解决的问题。因此能洞见一般人所无法洞见的，能决断一般人所难以决断的，躲开可能的灾祸，获取可能的利益，甚至建立不世之功勋，成就万古的声名，这就是真正的智者之“明”。本部分为四卷，分别为“知微”“亿中”“剖疑”“经务”。唉，能把智慧之明用于天下国家的大事上，这便是智慧最高的善用了。

五、见微知著

【原文】

圣无死地，贤无败局；缝祸于渺[①]，迎祥于独；彼昏是违，伏机[②]自触。集“知微”。

【注释】

① 渺：小。
② 伏机：埋伏的机关。

【译文】

圣人行事，绝不会自陷死地；贤者所为，从不曾遭逢败局。这是因为他们能从细微的小事中预知祸害的来临，因此总能够未雨绸缪，得到圆满的结果。集此为“知微”卷。

箕子

【原文】

纣初立，始为象箸。箕子叹曰：“彼为象箸，必不盛以土簋[①]，将作犀玉之杯。玉杯象箸，必不羹藜藿[②]，衣短褐，而舍于茅茨之下，则锦衣九重，高台广室。称此以求，天下不足矣！远方珍怪之物，舆马宫室之渐，自此而始，故吾畏其卒也！”未几，造鹿台，为琼室玉门，狗马奇物充其中，酒池肉林，宫中九市，而百姓皆叛。

【注释】

① 土簋：陶土做的食器。

② 藜藿：野菜，喻粗劣的食物。

【译文】

殷纣王刚即位，生活便开始奢侈起来，使用起了象牙筷子。对此，纣王的叔父箕子叹息道：“他使用象牙筷子，必定不再用陶制的食器盛东西，并且要做犀玉之杯了。有了犀玉杯、象牙筷，必不会再吃藜藿等野菜制成的食物、穿质料粗劣的短褐衣服、住在茅草铺顶的房屋之下了，则要求身披锦衣九重、脚踩高台广室。怀有这样的要求，整个天下也满足不了他了！远方的珍怪之物，舆马宫室等都逐渐齐备，这些都自此而始，我害怕他由此走向灭亡！”没过多久，纣王便开始建造鹿台，琼室玉门，豪华富丽，狗马奇物充满其中，还有酒池肉林，宫中街市，供他穷奢极欲，而老百姓都背叛了他。

周公 姜太公

【原文】

太公封于齐，五月而报政。周公曰："何疾也？"曰："吾简其君臣，礼从其俗。"伯禽至鲁，三年而报政。周公曰："何迟也？"曰："变其俗，革其礼，丧三年而后除之。"周公曰："后世其北面事齐乎？夫政不简不易，民不能近；平易近民，民必归[①]之。"

周公问太公何以治齐，曰："尊贤而尚功。"周公曰："后世必有篡弑之臣。"太公问周公何以治鲁，曰："尊贤而尚亲。"太公曰："后寝弱矣。"

【评译】二公能断齐、鲁之敝于数百年之后，而不能预为之维[②]；非不欲维也，治道可为者止此耳。虽帝王之法，固未有久而不敝者也；敝而更之，亦俟乎后之人而已。故孔子有"变齐、变鲁"之说。陆葵曰："使夫子之志行，则姬、吕之言不验。"夫使孔子果行其志，亦不过变今之齐、鲁，为昔之齐、鲁，未必有加于二公也。二公之子孙，苟能日儆惧于二公之言，又岂俟孔子出而始议变乎？

【注释】

①归：归心。

②维：防范。

【译文】

姜太公吕尚被周王封于齐后，过个五个月就来向周王报告说政事安排好了。当时周公摄政，问他道："怎么这么快？"姜太公说："我只是简化了他们君臣上下之礼仪，又不改变他们的风俗和习惯，所以政治局面很快得到安定。"而周公的儿子伯禽到鲁国去，三年才来报告说政事安排好了。周公问他："为什么这么迟呢？"伯禽答道："我改变了他们的风俗，革除了他们的礼仪，让他亲丧三年而后才能除掉孝服。"周公说："这样下去，鲁国的后代们会北面事齐、向齐称臣了吧？国政如果烦琐而不简要，尊严而不平易，则百姓们将不能和其君主相亲近；君主如果平易而近民，则民必归附他。"

周公问太公用什么办法治理齐国，太公说道："尊重贤圣之人而推崇有功绩之人。"周公说："那么齐国后世必有篡权弑君之臣！"太公反之问周公用什么办法治理鲁国，周公说："尊重贤圣之人并且尊崇公族亲属。"太公说："那么，他们公室的势力将逐渐衰弱了！"

【评】周公、太公能推断出数百年后齐国与鲁国的弊端，而不能预加防护，并不是他们不想防护，而是为政所能做的，也只有如此而已。即使是古代圣明君主的治理办法，也从来没有长时间而不出现弊端的。有了弊端要改正它，就只有等待后来人了。所以孔子有"改变齐国，改变鲁国"的说法。陆葇说："假使孔夫子的志愿实现了，那么周公、太公的话就无法被现实所验证了。"但就算孔子的志向果真实现，也不过是改变当时的齐、鲁成为以前的齐、鲁，而未必就能超过周公和太公。周公、太公的子孙，如果时时刻刻都能警戒二公的预言，又哪里需要等到孔子出现后才议论变革的事呢？

管仲

【原文】

管仲有疾，桓公往问之，曰："仲父病矣，将何以教寡人？"管仲对曰："愿君之远易牙、竖刁、常之巫、卫公子启方。"公曰："易牙烹其子以慊[①]寡人，犹尚可疑耶？"对曰："人之情非不爱其子也。其子之忍，又何有于君？"公又曰："竖刁自宫以近寡人，犹尚可疑耶？"对曰："人之情非不爱其身也，其身之忍，又何有于君。"公又曰："常之巫审于死生，能去苛病，犹尚可疑耶？"对曰："死生，命也；苛病，天也。君不任其命，守其本，而恃常之巫，彼将以此无不为也。”公又曰：“卫公子启方事寡人十五年矣，其父死而不敢归哭，犹尚可疑耶？”对曰：“人之情非不爱其父也，其父之忍，又何有于君。”公曰：“诺。”管仲死，尽逐之。食不甘，宫不治，苛病起，朝不肃，居三年，公曰：“仲父不亦过乎？”于是皆复召而反。明年，公有病，常之巫从中出曰：“公将以某日薨。”(边批：所谓无不为也。)易牙、竖刁、常之巫相与作乱。塞宫门，筑高墙，不通人，公求饮不得，卫公子启方以书社四十[②]下卫。公闻乱，慨然叹，涕出，曰：“嗟乎！圣人所见岂不远哉？”

【评】昔吴起杀妻求将，鲁人谮之；乐羊伐中山，对使者食其子，文侯赏其功而疑其心。夫能为不近人情之事者，其中正不可测也。

天顺中，都指挥马良有宠。良妻亡，上每慰问。适数日不出，上问及，左右以新娶对。上怫然[③]曰：“此厮夫妇之道尚薄，而能事我耶？”杖而疏之。宣德中，金吾卫指挥傅广自宫，请效用内廷。上曰：“此人已三品，更欲何为？自残希进，下法司问罪。”

噫！此亦圣人之远见也。

【注释】

① 慊：满足。

② 社四十：一社二十五家，社四十就是一千户。公子启方带其千户降于卫国。

③ 怫然：大怒的样子。

【译文】

管仲生病了，齐桓公去看望他，问他道：“您生病了，还有什么话指教我吗？”管仲回答说：“希望君主疏远易牙、竖刁、常之巫、卫公子启方。”齐桓公说：“易牙把他的儿子都烹了，以让我尝尝人肉的味道，难道还可以怀疑吗？”管仲说：“一个人没有不爱自己的孩子的，这是人之常情。易牙连他的儿子都不爱，又怎么能爱大王呢？”齐桓公又说："竖刁自己阉割了自己，以来侍奉我，难道还可以怀疑吗？"管仲答道："一个人没有不爱惜自己身体的，这是人之常情。竖刁连自己的身体都不爱惜，又怎么能爱惜大王呢？"齐桓公又说："常之巫能占卜生死、去病除灾，难道还可以怀疑吗？"管仲说："生死有命，灾病无常，大王不听任命运，固守其本来的常道，而只是依赖常之巫，那么他将因此而骄横跋扈，无所不为。"齐桓公又说："卫公子启方服侍我已经有十五年了，他父亲死的时候他都不愿意回去哭丧，难道还可以怀疑吗？"管仲说："人之常情，没有不爱自己父亲的，他连他的父亲都不爱，还能爱大王吗？"齐桓公说："好吧。"管仲死后，齐桓公就把这些人都驱逐走了。

可是不久，齐桓公就觉得饭不香甜，起居不舒服，病魔缠身了，并且，宫中的治理松散了，朝中的秩序也不稳了。这样过了三年，齐桓公说："管仲是不是太过分了？"于是又把那四个人都召回了宫里。

第二年，齐桓公病了，就是常之巫从中捣的鬼。他从宫中出来对人说："桓公将在某月某日死。"（边批：真是无所不为啊！）易牙、竖刁、常之巫他们相互勾结，一起作乱，他们关上宫门，筑起高墙，隔断了宫中同外界的联系，齐桓公就是想喝一口水都没人给他。卫公子启方带着千户齐民降归了卫国。齐桓公听说他们叛乱了，不禁长叹了一口气，流着泪后悔说："唉，管仲的见识还有不远大的吗？"

【评译】吴起的妻子是齐国人，吴起为了取得鲁国将领的地位，去攻击齐国，便杀死了妻子以向鲁国表明自己的心迹，可是鲁国人却因此说他的坏话。战国魏文侯的将领乐羊讨伐中山国，中山国君把乐羊的儿子烹煮为汤，送来给乐羊，乐羊当着使者的面喝了一碗，表示出不在乎的样子，魏文侯虽然奖赏他的功劳，却怀疑他的居心。能做出不近人情之事的人，其心也不可测。

明英宗天顺年间，都指挥马良非常宠爱妻子。其妻子去世后，英宗常常安慰他。可后来马良有几天没有出来，英宗问是怎么回事，身边的人说他刚刚娶了新娘子。英宗很生气地说："这家伙连夫妻的感情都看得这么淡薄，还能忠心伺候我吗？”于是打了他板子，开始疏远了他。

明宣宗宣德年间，金吾卫指挥傅广阉割自己请求到宫中效命。宣宗说：“此人官位已到三品，他还想要做什么呢？居然自甘卑贱以求权势！交付法司问罪。”

唉！这也是圣人的远见卓识之处。

列 子

【原文】

子列子穷，貌有饥色。客有言之于郑子阳者，曰：“列御寇，有道之士也。居君之国而穷，君毋乃不好士乎？”郑子阳令官遗之粟数十秉[①]。子列子出见使者，再拜而辞。使者去，子列子入。其妻望而拊心曰：“闻为有道者，妻子皆得逸乐。今妻子有饥色矣，君过而遗先生食，先生又弗受也，岂非命哉？”子列子笑而谓之曰：“君非自知我也，以人之言而遗我粟也。夫以人言而粟我，至其罪我也，亦且以人言，此吾所以不受也。”其后民果作难，杀子阳。受人之养而不死其难，不义；死其难，则死无道也。死无道，逆也。子列子除不义去逆也，岂不远哉！

【评】魏相公叔痤病且死，谓惠王曰：“公孙鞅[②]年少有奇才，愿王举国而听之。即不听，必杀之，勿令出境。”(边批：言杀之者，所以果其用也。)王许诺而去。公叔召鞅谢曰：“吾先君而后臣，故先为君谋，后以告子，子必速行矣！”鞅曰：“君不能用子之言任臣，又安能用子之言杀臣乎？”卒不去。鞅语正堪与列子语对照。

【注释】

① 秉：古代量词，十六斗为一薮，十薮为一秉。

② 公孙鞅：即商鞅。

【译文】

春秋时，列子家很贫困，常常面有饥饿之色。一位客人对郑子阳说："列御寇是位有道之士，住在您的国中却很穷，君王恐怕有些不爱士人吧？"郑子阳于是命令手下的官吏送给列子许多谷子。列子见到使者后，很有礼貌地对他拜了几拜，但却谢绝了粮谷。使者离开后，列子进屋，他的妻子望着他，手按心窝说："我听说有道义的人，妻子儿女都能得到安逸快乐，如今妻子老少都在挨饿，君王送你粮食你又不接受，难道我的命就该这样苦吗？"列子笑着回答："他并不是真正了解我，如果因别人的一番话而给我粮食，将来定我的罪也可听凭别人的谗言，所以我不能接受。"后来，百姓果然起来作乱，杀死郑子阳。接受人的赏赐，却不为救他的灾祸拼死，是不仗义的；但是为这种人的灾祸去拼死，那么死了也不合道德。不合于道德便是叛逆的行为，列子能避开不义行为又能避开叛逆，他的本领不是很高吗？

【评译】魏相公叔痤病危时对梁惠王说："公孙鞅年轻而且有奇才，希望举国上下都能听他的话，如果您不采纳这意见，就请杀掉他，千万不能让他出境到别国去。"(边批：公叔痤说杀商鞅，是为了举荐任用他。)惠王答应了。接着公叔召公孙鞅道歉说："我做事要先君后臣，因此先为君主谋虑，然后，再告诉你怎样做。现在你要尽快逃跑。"公孙鞅回答："国君不因你的推荐任用我，又怎会因你的话杀掉我呢？"公孙鞅终于没有离开。公孙鞅的话正好与列子的话形成对照。

唐寅

【原文】

宸濠甚爱唐六如[1]，尝遣人持百金，至苏聘之。既至，处以别馆，待之甚厚。六如住半年，见其所为不法，知其后必反，遂佯狂以处。宸濠遣人馈物，则倮形箕踞[2]，以手弄其人道，讥呵使者；使者反命，宸濠曰："孰谓唐生贤，一狂士耳。"遂放归。不久而告变矣。

【注释】

①唐六如：唐寅，字伯虎，一字子畏，自号六如居士。他的画入神品，善诗文，是明代著名的才子。

②箕踞：伸开两脚而坐，是不礼貌的坐姿。

【译文】

明武宗时，宁王朱宸濠很欣赏唐伯虎，曾经派人拿一百两金子到苏州聘他做官。唐伯虎应聘而来后，被安置住在旅馆中，对其十分优待。唐伯虎在此住了半年，见朱宸濠常做违法的事，推断他以后一定会反叛，于是就佯装疯狂。一次，朱宸濠派人送礼物给伯虎时，见他赤身裸体蹲在地上，用手玩弄自己的阳具并讥讽斥骂来人，来人只得带礼物返回。朱宸濠知道此事后说："谁说唐伯虎是贤德之士，他只不过是个疯子罢了！"于是放他回家。不久，朱宸濠果然反叛了。

六、由小见大

【原文】

镜物之情，揆[①]事之本；福始祸先，验不回瞬[②]；藏钩射覆[③]，莫予能隐。集"亿中"。

【注释】

①揆：测度。

②回瞬：转瞬，形容事物变化快。

③藏钩射覆：都是古代藏物的游戏。

【译文】

察照事物的真相，度量事物的根本。如此，在福祸发生以前就能迅速预测它。即使如藏钩射覆这样的事，也都不能蒙骗我。集此为“亿中”卷。

子贡

【原文】

鲁定公十五年正月，邾隐公[①]来朝，子贡观焉。邾子执玉[②]高，其容仰；公受玉卑，其容俯。子贡曰：“以礼观之，二君皆有死亡焉。夫礼，死生存亡之体也：将左右、周旋、进退、俯仰，于是乎取之；朝、祀、丧、戎，于是乎观之。今正月相朝而皆不度，心已亡矣。嘉事不体，何以能久！高仰，骄也；卑俯，替也。骄近乱，替近疾。君为主，其先亡乎？”五月公薨[③]。孔子曰：“赐不幸言而中，是使赐多言也！”

【注释】

① 邾隐公：邾是鲁的附属小国，故地在今山东邹县，隐公，名益。

② 执玉：周时诸侯相见，执玉璧或玉圭行礼。

③ 薨：诸侯死谓薨。

【译文】

鲁定公十五年（前495）正月，邾隐公（邾国的国主，是颛项的后裔）来朝，子贡在旁边观礼。邾隐公拿着宝玉给定公时，高仰着头，态度出奇的高傲；定公接受时则低着头，态度反常的谦卑。子贡看了，说道：“以这种朝见之礼来看，两位国君皆有死亡的可能。礼是生死存亡的根本，小从每个人日常生活的一举一动，一言一行，大到国家的祭祀事、丧礼以及诸侯之间的聘问相见，都得依循礼法。现在二位国君在如此重要的正月相朝大事上，行为举止都不合法度，可见内心已完全不对劲了。

朝见不合礼，怎么能维持国之长久呢，高仰是骄傲的表现，谦卑是衰弱的先兆，骄傲代表混乱，衰弱接近疾病。而定公是主人，可能会先出事吧？”五月，定公去世，孔子忧心忡忡地说：“这次不幸被子贡说中了，恐怕会让他更成为一个轻言多话的人。”

范蠡

【原文】

朱公[①]居陶，生少子。少子壮，而朱公中男杀人，囚楚，朱公曰：“杀人而死，职[②]也，然吾闻‘千金之子，不死于市’。”乃治千金装，将遣其少子往视之。长男固请行，不听。以公不遣长子而遣少弟，“是吾不肖”，欲自杀。其母强为言，公不得已，遣长子。为书遗故所善庄生，因语长子曰：“至，则进千金于庄生所，听其所为，慎无与争事。”长男行，如父言。庄生曰：“疾去毋留，即弟出，勿问所以然。”长男阳[③]去，不过庄生而私留楚贵人所。庄生故贫，然以廉直重，楚王以下皆师事之。朱公进金，未有意受也，欲事成后复归之以为信耳。而朱公长男不解其意，以为殊无短长[④]。庄生以间入见楚王，言某星某宿不利楚，独为德可除之。王素信生，即使使封三钱之府[⑤]，贵人惊告朱公长男曰：“王且赦，每赦，必封三钱之府。”长男以为赦，弟固当出，千金虚弃，乃复见庄生。生惊曰：“若不去耶？”长男曰：“固也，弟今且赦，故辞去。”生知其意，令自入室取金去。庄生羞为孺子所卖，乃入见楚王曰：“王欲以修德禳星，乃道路喧传陶之富人朱公子杀人囚楚，其家多持金钱赂王左右，故王赦，非能恤楚国之众也，特以朱公子故。”王大怒，令论杀朱公子，明日下赦令。于是朱公长男竟持弟丧归，其母及邑人尽哀之，朱公独笑曰：“吾固知必杀其弟也，彼非不爱弟，顾少与我俱，见苦为生[⑥]难，故重弃财[⑦]。至如少弟者，生而见我富，乘坚策肥，岂知财所从来哉！吾遣少子，独为其能弃财也，而长者不能，卒以杀其弟。——事之理也，无足怪者，吾日夜固以望其丧之来也！”

【评】朱公既有灼见，不宜移[8]于妇言，所以改遣者，惧杀长子故也。“听其所为，勿与争事。”已明明道破，长子自不奉教耳。庄生纵横之才不下朱公，生人杀人，在其鼓掌。然宁负好友，而必欲伸气于孺子，何德字之不宽也？噫，其所以为纵横之才也与！

【注释】

①朱公：范蠡，春秋时名相，助越王勾践灭吴，弃官隐居于陶，自号陶朱公，累资巨万。

②职：规定，常理。

③阳：佯，假装。

④短长：计策。

⑤三钱之府：贮藏黄金、白银、赤铜三种货币的府库。

⑥为生：经营。

⑦重弃财：看重花钱的事。

⑧移：改变。

【译文】

陶朱公范蠡住在陶，生了小儿子。小儿子长大以后，陶朱公的次子杀人，被囚禁在楚国，陶朱公说：“杀人者死，这是天经地义的。然而我听说‘富家子不应在大庭广众之间被处决’。”于是准备千两黄金，要派小儿子前往探视。长子一再请求前往，陶朱公不肯，长子认为父亲不派长子而派小弟，分明是认为自己不肖，想自杀。母亲大力说项，陶朱公不得已，派长男带信去找老朋友庄生，并告诉长子说：“到了以后，就把这一千两黄金送给庄生，随他处置，千万不要和他争执。”长男前往，照父亲的话做。庄生说：“你赶快离开，不要停留，即使令弟被放出来，也不要问他为什么。”长男假装离去，也不告诉庄生，而私下留在楚国一个贵人的家里。庄生很穷，但以廉洁正直被人尊重，楚王以下的人都以老师的礼数来敬事他，陶朱公送的金子，他无意接受，想在事成后归还以表诚信，而陶朱公的长男不了解庄生，以为他只是个平平常常的普通人而已。庄生利用机会入宫见楚王，说明某某星宿不利，若楚国能独自修德，则可以解除。楚王向来信任庄生，立刻派人封闭三钱之府（贮藏黄金、白银、赤铜三种货币的府库）。楚国贵人很惊奇地告诉陶朱公的长男说："楚王将要大赦了。因为每次大赦一定封闭三钱之府。"长男认为遇到大赦，弟弟本来就当出狱，则一千两黄金是白花的，于是又去见庄生。庄生惊讶地说："你没有离开吗？"长男说："是啊。我弟弟很幸运在今天碰上楚王大赦，所以来告辞。"庄生知道他的意思，便叫他自己进去拿黄金回去。长男这么做，使庄生感到非常不舒服，就入宫见楚王说："大王想修德除灾，但外头老百姓传言陶的富人朱公子杀人，囚禁在楚国，他的家人拿了很多钱来贿赂大王左右的人，所以大王这次大赦，并非真正怜恤楚国的民众，只是为了开释朱公子而已。"楚王很生气，立即下令杀朱公子，第二天才下大赦令。于是陶朱公的长男最后只有运弟弟的尸体回家，他的母亲及乡人都很哀伤，陶朱公却笑着说："我本来就知道他一定会害死自己的弟弟。他并不是不爱弟弟，只是从小和我在一起，见惯了生活的艰苦，所以特别重视身外之财；至于小弟，生下来就见到我富贵，过惯富裕的生活，哪里知道钱财是怎么来的。我派小儿子去，只因为他能丢得开财物，而长男做不到，最后害死弟弟，是很正常的，一点不值得奇怪，我本来就等着他带着丧事回来。"

【评译】陶朱公既有明确的见解，其实真不该听妇人的话而改变主意，而所以改派长子，可能是怕长子自杀的缘故。临行指示长子要随庄生处理，不要和他争执，明明已经讲清楚了，只是长子自己不受教罢了。庄生翻云覆雨的才能，不输于陶朱公，要让谁生让谁死，完全控制在他的手掌中。然而却宁愿背叛好友，一定要和孩子争这一口气，为什么心胸气度这么狭窄呢？唉！难道他认为，这样才算有翻云覆雨的才能吗？

班 超

【原文】

班超久于西域[1]，上疏愿生入玉门关[2]。乃召超还。以戊己校尉任尚代之。尚谓超曰："君侯[3]在外域三十余年，而小人猥承君后，任重虑浅，宜有以诲之。"超曰："塞外吏士，本非孝子顺孙，皆以罪过徙补边屯。而蛮夷怀鸟兽之心，难养易败[4]。今君性严急，水清无鱼，察政不得下和，宜荡佚[5]简易，宽小过，总大纲而已。"超去后，尚私谓所亲曰："我以班君尚有奇策，今所言平平耳。"尚留数年而西域反叛，如超所戒。

【注释】

① 班超久于西域：班超任西域都护，立功绝域，安定五十余国，四十岁入西域，七十二岁返回中原。

② 玉门关：在今甘肃敦煌西，出玉门关则为西域，入关则为中原。

③ 君侯：班超封定远侯，故有此尊称。

④ 难养易败：难以教化，容易坏事。

⑤ 荡佚：宽放。

【译文】

东汉时班超久在西域，上疏希望能在有生之年活着进入玉门关。于是皇帝诏令班超回国，而以戊己校尉任尚代替他的职务。任尚对班超说："您在西域已经三十多年了，如今我将接任您的职务，责任重大，而我的智虑有限，请您多加教诲。"班超说："塞外的官吏士卒，本来就不是守法的子民，都因为犯罪而被流放边境戍守；而蛮人心如禽兽，难养易变；你个性比较严厉急切，要知道水太清便养不了鱼，过于明察，事事计较便得不到属下的心，我建议你稍微放松一些，力求简易，有些小过失、小问题闭闭眼也就不必去追究，凡事只要把大原则掌握好就可以了。”班超离开后，任尚私下对亲近的人说：“我以为班超会有什么奇谋，其实他所说都是平常的话。”任尚留守数年后，西域就反叛，果然如班超所说。

曹操

【原文】

何进与袁绍谋诛宦官，何太后不听，进乃召董卓，欲以兵胁太后。曹操闻而笑之，曰：“阉竖[①]之官，古今宜有，但世主不当假之以权宠，使至于此。既治其罪，当诛元恶，一狱吏足矣，何必纷纷召外将乎？欲尽诛之，事必宣露，吾见其败也。”卓未至而进见杀。

袁尚、袁熙奔辽东，尚有数千骑。初，辽东太守公孙康恃远不服，及操破乌丸，或说操遂征之，尚兄弟可擒也。操曰：“吾方使康斩送尚、熙首来，不烦兵矣。”九月，操引兵自柳城还，康即斩尚、熙，传其首[②]。诸将问其故，操曰：“彼素畏尚等，吾急之则并力，缓之则相图[③]，其势然也。”

曹公之东征也，议者惧军出，袁绍袭其后，进不得战而退失所据。公曰：“绍性迟而多疑，来必不速；刘备新起，众心未附，急击之，必败，此存亡之机，不可失也。”卒东击备。田丰果说绍曰：“虎方捕鹿，熊据其穴而啖其子，虎进不得鹿，而退不得其子。今操自征备，空国而去，将军长戟百万，胡骑千群，直指许都，持其巢穴，百万之师自天而下，若举炎火以焦飞蓬[④]，覆沧海而沃漂炭，有不消灭者哉？兵机变在斯须，军情捷于桴鼓。操闻，必舍备还许[⑤]，我据其内，备攻其外，逆操之头必悬麾下矣！失此不图，操得归国，休兵息民，积谷养士。方今汉道陵迟，纲纪弛绝。而操以枭雄之资，乘跋扈之势，恣虎狼之欲，成篡逆之谋，虽百道攻击，不可图也。”绍辞以子疾，不许。(边批：奴才不出操所料。)丰举杖击地曰：“夫遭此难遇之机，而以婴儿之故失其会，惜哉！”

安定[⑥]与羌胡密迩[⑦]，太守毋丘兴将之官，公戒之曰："羌胡欲与中国通，自当遣人来，慎勿遣人往！善人难得，必且教羌人妄有请求，因以自利。不从，便为失异俗意；从之则无益。"兴佯诺去。及抵郡，辄遣校尉范陵至羌，陵果教羌使自请为属国都尉。公笑曰："吾预知当尔，非圣也，但更事[⑧]多耳。"

【评】操明于翦备，而汉中之役，志盈得陇，纵备得蜀，不用司马懿、刘晔之计，何也？或者有天意焉？

【注释】

① 阉竖：对宦官的蔑称。

② 传其首：用驿马传递二人首级给曹操。

③ 相图：互相图谋对方。

④ 飞蓬：蓬草轻而易燃。

⑤ 许：今河南许昌，时为曹操都城。

⑥ 安定：今甘肃镇原东南。

⑦ 密迩：接近。

⑧ 更事：经历事情。

【译文】

东汉末年何进（宛人，字遂高）与袁绍（汝阳人，字本初）计划诛杀宦官，何太后不同意，何进只好召董卓（临洮人，字仲颖）带兵进京，想利用董卓的兵力胁迫太后。曹操（沛国谯人，字孟德）听了，笑着说："太监古今各朝各代都有，只是国君不应过于宠幸，赋予太多权力，使他们跋扈到这种地步。如果要治他们的罪，只要诛杀元凶就行了，如此，一名狱吏也就足够了，何必请外地的军将来呢？若想把太监赶尽杀绝，事情一定提前泄露出去，这样反而不会成功。我可以预见他们会失败。"果然，董卓还没到，何进就被杀了。

东汉末年官渡之战以后，袁熙（字显雍，袁绍的儿子）、袁尚（字显甫）

两兄弟投奔辽东，手下尚有数千名骑兵。起初，辽东太守公孙康仗着地盘远离京师，不听朝廷辖治。等曹操攻下乌丸，有人劝曹操征讨，顺便可以擒住袁尚兄弟。曹操说："我正准备让公孙康自己杀了袁尚兄弟，拿他们二人脑袋来献呢，不必劳动兵力。"九月，曹操带兵从柳城回来，果然，公孙康就斩杀袁尚兄弟，将首级送来。诸将问曹操是何缘故，曹操说："公孙康向来怕袁尚等人，我逼急了，他们就会联合起来抵抗，我放松，他们就会互相争斗，这是情势决定、必然的。"

曹操东征时，众人担心军队出尽之后，袁绍会从后面袭击，如此一来，前进了也无法放手一战，想后退又失去根据地。曹操说："袁绍个性迟缓而多疑，一定不会很快就来；刘备刚兴起，民心尚未依附，此刻立即去攻击他一定成功，这是生死存亡的机会，不可失去。"于是向东攻击刘备。田丰（巨鹿人，字元皓）果然劝袁绍说："老虎正在捕鹿，熊去占有虎穴而吃掉虎子，老虎向前得不到鹿，退后又失去虎子。现在曹操亲自去攻击刘备，军队尽出，将军您有雄厚的兵力，如果直接攻进许都，捣毁他的巢穴，百万雄师从天而下，就像点一把大火来烧野草，倒大海的水来冲熄火炭，哪有不瞬间消灭的道理。只是用兵的时机稍纵即逝，形势的变动比鼓声还传得快，曹操知道了，一定放弃攻击刘备，回守许都。然而，那时候如果我们已经占领他的巢穴，刘备又在外面夹攻，曹操的头颅，很快的就高悬于将军您的旗杆上了。可是如果失去这个机会，等曹操回国的话，他就可以休养生息，储粮养士。如今汉室日渐衰微，万一等到曹操篡逆的阴谋成了气候，即使再用各种方法攻击，也没有办法挽回了。"袁绍却以儿子生病为由推辞。（边批：这奴才果然不出曹操所料。）田丰气得拿手杖敲地说："得到这种千载难逢的机会，却为了一个婴儿而放弃，真是可惜啊！"

安定郡和羌人的地界很接近，太守毌丘兴上任时，曹操警告他说："羌人假使想与中国交往，应当由他们派人来，你千万不可派人去。因为好使者不容易找，派去的人一定会为了个人的私利，教羌人对中国做种种不当的请求。到那时，若不应允则会失去当地羌人的民心，如果应允又对我们没有什么好处。”毋丘兴假装答应而去。到了安定郡，却派遣校尉范陵到羌，范陵果然教羌使自己请求当中国的属国校尉。曹操笑着说：“我预测必会如此，并不是我特别聪明，只是阅历多罢了。”

【评译】曹操明白要得到天下，一定得消灭刘备。而汉中之役，却因急着占有陇地，而让刘备有机会占有蜀地。没有采纳司马懿(魏温县人，字仲达)、刘晔(成德人，字子阳)的计策，是什么原因呢？或者是天意吧？

郭嘉 虞翻

【原文】

孙策既尽有江东，转斗千里，闻曹公与袁绍相持官渡，将议袭许。众闻之，皆惧。郭嘉[①]独曰：“策新并江东，所诛皆英杰，能得人死力者也。然策轻而无备，虽有百万众，无异于独行中原。若刺客伏起，一人之敌耳。以吾观之，必死于匹夫之手。”

虞翻亦以策好驰骋游猎，谏曰：“明府用乌集之众，驱散附之士[②]，皆能得其死力，此汉高之略也。至于轻出微行，吏卒尝忧之。夫白龙鱼服，困于豫且；白蛇自放，刘季害之。愿少留意。”策曰：“君言是也！”然终不能悛，至是临江未济，果为许贡家客所杀。

【评】孙伯符[③]不死，曹瞒不安枕矣。天意三分，何预人事？

【注释】

① 郭嘉：曹操的重要谋士，屡从征伐有功，早卒，操甚惜之。

② 散附之士：游散附从之兵。

③ 孙伯符：孙策，字伯符。

【译文】

三国时，孙策占领整个江东地区之后，遂有争霸天下的雄心，听说曹操和袁绍在官渡相持不下，就打算攻打许都。曹操部属听了都很害怕，只有郭嘉（阳翟人，字奉孝）说：“孙策刚刚并合了整个江东，诛杀了许多原本割据当地的英雄豪杰，而这些人其实都是能让人为他拼命的人物，这些人的手下对他一定恨之入骨。孙策本身的性格又轻率，对自己的安全一向不怎么戒备。虽有百万大军在手，和孤身一人处身野外其实没什么两样。若有埋伏的刺客突然而出，一个人就可以对付他。依我看，他一定死在刺客手中。”

虞翻（吴·余姚人，字仲翔）也因为孙策爱好驰骋打猎，劝孙策说：“即使是一些残兵败将、乌合之众，在您指挥之下，都能立刻成为拼死作战的雄兵，这方面的能力您并不下于汉高祖刘邦。但是您常私下外出，大家都非常担忧。尊贵的白龙做大鱼游于海中，渔夫豫且就能捉住它，白蛇挡路，刘邦一剑就把它杀了。希望您稍微留意一些。”孙策说：“你的话很对。”然而毛病还是改不掉，所以军队还没有渡江，就被许贡的家客所杀。

【评译】孙策不死，曹操就不能安枕，这或许是天意要三分天下吧？与人事有何干！

邵雍

【原文】

王安石罢相，吕惠卿参知政事。富郑公见康节[①]，有忧色。康节曰：“岂以惠卿凶暴过安石耶？”曰：“然。”康节曰：“勿忧。安石、惠卿本以势利相合，今势利相敌，将自为仇矣，不暇害他人也。”未几，惠卿果叛安石。

熙宁初，王宣徽之子名正甫，字茂直，监西京粮料院。一日约邵康节同吴处厚、王平甫[②]食饭，康节辞以疾。明日，茂直来问康节辞会之故，康节曰：“处厚好议论，每讥刺执政新法；平甫者，介甫之弟，虽不甚主[3]其兄，若人面骂之，则亦不堪矣。此某所以辞也。”茂直叹曰：“先生料事之审如此。昨处厚席间毁介甫，平甫作色，欲列其事于府。某解之甚苦，乃已。”呜呼，康节以道德尊一代，平居出处，一饭食之间，其慎如此。

【评】按荆公行新法，任用新进。温公[4]贻以书曰：“忠信之士，于公当路时虽龃龉[5]可憎，后必得其力；谄谀之人，于今诚有顺适之快，一旦失势，必有卖公以自售者。”盖指吕惠卿也。

【注释】

① 康节：邵雍，谥康节。

② 王平甫：王安国，字平甫，王安石之弟。

③ 主：支持赞成。

④ 温公：司马光，封温国公。

⑤ 龃龉：意见不合。

【译文】

王安石被免去宰相之职，由吕惠卿继任。富弼见到邵康节（邵雍），神色十分忧虑。邵康节问：“难道因为惠卿比安石还要凶暴吗？”富弼说：“是的。”邵康节说：“不必忧虑，王安石与吕惠卿本来是因权势名利相结合，如今权势名利起了冲突，彼此间互相仇恨都来不及了，哪有时间害别人？”不久，吕惠卿果然反叛王安石。

宋神宗熙宁初年，王宣徽的儿子名正甫，字茂直，负责监督西京的粮科院（官署名，掌理军俸粮食配给）。有一天，王正甫约邵康节和吴处厚（邵武人，字伯固）、王平甫（王安国）一同吃饭，邵康节借口生病推辞掉。第二天，王正甫来问邵康节为什么推辞。邵康节说：“吴处厚喜爱议论，往往会讥讽执政的新法；平甫是介甫（王安石）的弟弟，虽然不太赞同哥哥的主张，如果别人当面骂自己的哥哥，毕竟也会觉得不好受。所以我推辞不去。”王正甫叹道：“先生真是料事如神。昨天处厚在酒席间诋毁介甫，平甫很生气，想把这些话一条一条记下来送到相府，我在中间调解得好辛苦。”唉，康节先生因道德高尚受到当代尊崇，平日家居或外出，一饭一食之间，也这么谨慎。

【评译】王荆公实行新法，任用很多新人。司马温公写信给他说："忠信的人，在您当权时，虽然往往和您意见有所不合，觉得很可恨，以后您一定会得到他们的帮助；谄媚的人，在当前虽然顺从您，让您觉得很愉快，一旦您失去权势，一定会为了一己私利出卖您。”这段话大概是指吕惠卿的。

七、如日驱雾

【原文】

讹口如波，俗肠如锢[①]。触目迷津，弥天毒雾。不有明眼，孰为先路？太阳当空，妖魑匿步[②]。集“剖疑”。

【注释】

① 锢：经久难愈的疾病。

② 匿步：隐藏自己的行踪。

【译文】

口中的谎言如同波浪，一肚子的坏水犹如顽疾，漫天毒雾迷蒙了双眼，没有明亮的眼睛，怎么知道何去何从呢？就像太阳当空，妖魔自然会却步。集此成“剖疑”卷。

张说

【原文】

说有材辩，能断大义。景云初，帝谓侍臣曰："术家[①]言五日内有急兵入宫，奈何？”左右莫对。说进曰：“此谗人谋动东宫[②]耳。(边批：破的。)陛下若以太子监国，则名分定，奸胆破，蜚语塞矣。”帝如其言，议遂息。

【注释】

① 术家：巫术占卜之士。

② 东宫：太子，即后来的唐玄宗李隆基。

【译文】

唐朝人张说（洛阳人，字道济）有才略，大事当前能迅速做出正确判断。唐睿宗景云二年，睿宗对侍臣说：“术士预言，在五天之内会有军队突然入宫，你们说怎么办？”左右的人不知怎么回答。张说进言道：“这一定是奸人想让陛下更换太子的诡计。（边批：一针见血。）陛下如果让太子监理国事，就可以使名分确定下来，从而破坏奸人诡计，流言自然消失。”睿宗照他的话做，谣言果然平息。

寇准

【原文】

楚王元佐，太宗长子也，因申救廷美不获[①]，遂感心疾，习为残忍；左右微过，辄弯弓射之。帝屡诲不悛。重阳，帝宴诸王，元佐以病新起，不得预，中夜发愤，遂闭媵妾，纵火焚宫。帝怒，欲废之。会寇准通判郓州，得召见，太宗谓曰：“卿试与朕决一事，东宫所为不法，他日必为桀、纣之行，欲废之，则宫中亦有甲兵，恐因而招乱。”准曰：“请某月日，令东宫于某处摄行礼，其左右侍从皆令从之，陛下搜其宫中，果有不法之事，俟还而示之；废太子，一黄门力耳。”太宗从其策，及东宫出，得淫刑[②]之器，有剜目、挑筋、摘舌等物，还而示之，东宫服罪，遂废之。

【评】搜其宫中，如无不法之事，东宫之位如故矣。不然，亦使心服无冤耳。江充[3]、李林甫，岂可共商此事？

【注释】

① 申救廷美不获：赵廷美，本名光美，是宋太宗赵光义之弟，太宗之母杜太后有遗嘱，要太宗死后传位给廷美。太宗即位后，将廷美流放，两年后死于流放地。当廷美流放时，满朝廷臣无敢言者，只有赵元佐申救之。廷美死后，元佐闻讯而发狂。

② 淫刑：残酷的刑罚。

③ 江充：汉武帝宠臣，与太子有过节，诬太子在宫中行巫蛊诅咒武帝，逼太子起兵，后太子兵败自杀。

【译文】

楚王赵元佐是宋太宗的长子，因为援救赵廷美（太宗的弟弟）失败，于是得精神病，性情变得很残忍，左右的人稍有过失，就用箭射杀。太宗屡次教训他都不改过。重阳节时，太宗宴请诸王，赵元佐借口生病初愈不参加，半夜发怒，把侍妾关闭于宫中，并纵火焚宫。太宗很生气，打算废除他太子的身份。寇准那时正在郓州任通判，太宗特别召见他，对他说："找你来和朕一起商议一件大事。太子所作所为都属不法，将来若登上帝位一定会做出桀、纣般的行为。朕想废掉他，但东宫里有自己的军队，恐怕因此引起乱事。"寇准说："请皇上于某月某日，命令太子到某地代理皇上祭祀，太子的左右侍从也都命令跟着去，陛下再趁此机会派人去搜查东宫，若果真有不法的证物，等太子回来再当他面公布出来，如此罪证确凿，要废太子，只须派个黄门侍郎（即门下侍郎）宣布一下就行了。"太宗采用他的计策，等太子离去后，果然搜得一些残酷的刑具，包括有挖眼、挑筋、割舌等刑具。太子回来后，当场展示出来，太子服罪，于是被废。

【评译】搜查东宫，如果没有不法的事，东宫的地位依旧。不然，也可以使他心服而不觉冤枉。只是江充（汉·邯郸人，字次倩，以巫蛊术诬害太子）、李林甫之类的人，难道可以共同商议这种事吗？

狄仁杰

【原文】

狄梁公[1]为度支员外郎，车驾将幸汾阳，公奉使修供顿。并州长史李玄冲以道出妒女祠，俗称有盛衣服车马过者，必致雷风，欲别开路。公曰："天子行幸，千乘万骑，风伯清尘，雨师洒道，何妒女敢害而欲避之？"玄冲遂止，果无他变。

【注释】

①狄梁公：狄仁杰，封梁国公。

【译文】

唐朝狄梁公（狄仁杰）任度支员外郎时，天子将幸临汾阳，狄梁公奉命准备酒宴。并州长史（府吏的首长）李玄冲认为路经妒女祠，地方传说说有盛装车马经过的人，一定会刮风打雷，因此想避开这条路，打算另外修路。狄梁公说："天子驾临，大批车驾人马跟随，风伯为他清理尘垢，雨神为他洗刷道路，什么妒女敢伤害天子？"李玄冲因此打消了念头，果然没有任何特别的事发生。

苏东坡

【原文】

苏东坡知扬州，一夕梦在山林间，见一虎来噬，公方惊怖，一紫袍黄冠[1]以袖障公，叱虎使去。及旦，有道士投谒曰："昨夜不惊畏乎？"公叱曰："鼠子乃敢尔？本欲杖汝脊，吾岂不知汝夜来术邪？"（边批：

坡聪明过人。)道士骇惶而走。

【注释】

① 紫袍黄冠：当时道士的装束，此处代指道士。

【译文】

苏东坡任扬州知州时，有一天晚上，梦见在山林之间，看见一头老虎来咬他，苏东坡正紧张恐惧时，有一个人穿着紫袍、戴着黄帽，用袖子保护苏东坡，大声叱喝老虎离开。天亮后，有个道士来拜见苏东坡，说："昨天晚上你没有受惊吓吧？"苏东坡大骂说："鼠辈，竟敢如此，我正打算抓你来杖责一番，我难道不知道你昨夜来施用邪术吗？"道士吓得赶快离开。

魏元忠

【原文】

唐魏元忠[①]未达[②]时，一婢出汲方还，见老猿于厨下看火。婢惊白之，元忠徐曰："猿愍[③]我无人，为我执爨，甚善。"又尝呼苍头[④]，未应，狗代呼之。又曰："此孝顺狗也，乃能代我劳！"尝独坐，有群鼠拱手立其前。又曰："鼠饥就我求食。"乃令食之。夜中鸺鹠[⑤]鸣其屋端，家人将弹之。又止之，曰："鸺昼不见物，故夜飞，此天地所育，不可使南走越，北走胡，将何所之？"其后遂绝无怪。

【注释】

① 魏元忠：唐时太学生，好兵术。累迁至殿中侍御史。

② 未达：未显达。

③ 愍：同"悯"，同情。

④ 苍头：仆人。

⑤ 鸺鹠：猫头鹰。

【译文】

唐朝人魏元忠尚未显达时，家中有一个婢女出去汲水回来，看见老猿猴在厨房里看火，婢女惊奇地告诉魏元忠。魏元忠不慌不忙，缓慢地说："猿猴同情我没有人手，为我煮饭，很好啊！"又曾经叫仆人，仆人没有答话，而狗代他呼叫。魏元忠说："真是孝顺的狗，为我代劳。"一次魏元忠曾在家中独自坐着，有一群老鼠拱手站在他的前面。魏元忠说："老鼠饿了，来向我求食物。"就命令人拿食物喂老鼠。夜半时有猫头鹰在屋顶鸣叫，家人想用弹弓赶走它，魏元忠又阻止他们说："猫头鹰白天看不见东西，所以在晚上飞出来，这是天地所孕育的动物，你把它赶走，要它到哪里去？"从此以后，家人就见怪不怪了。

八、经理时务

【原文】

中流一壶，千金争挈[①]。宁为铅刀，毋为楮叶[②]。错节盘根，利器斯别。识时务者，呼为俊杰。集"经务"。

【注释】

① 中流一壶，千金争挈：壶，通"葫"，平时葫芦价格便宜，但渡河时遇到船坏，葫芦因为可以帮人浮水，所以出价千金也有人要。

② 楮叶：一种树的叶子。《韩非子》记载，一个宋国人用玉雕成楮叶，可以乱真。此处楮叶比喻华而不实的无用之物。

【译文】

渡河中程卖一葫芦，大家都会出高价。宁可做拙钝的刀子，不要成为中看不中用的玩物。碰到盘根错节时，才能分辨工具的利钝。识时务的人，才是俊杰。集此为“经务”卷。

朱熹

【原文】

乾道四年，民艰食，熹请于府，得常平米六百石赈贷。夏受粟于仓，冬则加息以偿；歉，蠲其息之半，大饥尽蠲之。凡十四年，以米六百石还府，见储米三千一百石，以为“社仓[①]”，不复收息。故虽遇歉，民不缺食，诏下熹“社仓法”于诸路。

【评】陆象山[②]曰：“社仓固为农之利，然年常丰，田常熟，则其利可久；苟非常熟之田，一遇岁歉，则有散而无敛；来岁秧时缺本，乃无以赈之，莫如兼制平籴一仓，丰时籴之，使无价贱伤农之患；缺时粜之，以摧富民封廪腾价之计，析所籴为二，每存其一，以备歉岁，代社仓之匮，实为长便也。听民之便，则为社仓法；强民之从，即为青苗法矣，此主利民，彼主利国故也。”

今有司积谷之法，亦社仓遗训，然所积只纸上空言，半为有司干没，半充上官，无碍钱粮之用。一遇荒歉，辄仰屋窃叹，不如留谷于民间之为愈矣。噫！

何良俊《四友斋丛说》[③]云：“今之抚按有第一美政所急当举行者，要将各项下赃罚银，督令各府县尽数籴谷；其有罪犯自徒流以下，许其以谷赎罪。大率上县每年要谷一万，下县五千。两直隶巡抚下有县凡一百，则是每年有谷七十余万，积至三年，即有二百余万矣。若遇一县有水旱之灾，则听于无灾县分通融借贷，俟来年丰熟补还，则东南百姓可免流亡，而朝廷于财赋之地永无南顾之忧矣。善政之大，无过于此！”

【注释】

①社仓：积谷备荒的义仓。始于隋代，由乡社所设，且自行经营管理，

故名。此处的社仓为官府所设，沿用其名。

②陆象山：陆九渊，讲学于贵溪之象山，世称象山先生，与朱熹同时代人。

③何良俊《四友斋丛说》：何良俊，明翰林院孔目，博学多闻，所著《四友斋丛说》共三十八卷，此事在第十三卷。

【译文】

宋孝宗乾道四年，人民缺乏粮食，朱熹求救于州府，借到常平米六百石来施救。夏天从社里的谷仓借米粮，冬天加利息偿还。歉收时免除一半利息，大饥荒时利息全免。十四年后，六百石米全数还给州府，尚有储米三千一百石，作为社仓，不再收利息。所以虽然遭到歉收，人民也不担心缺少粮食。孝宗于是下诏，使朱熹的社仓法在各路推行。

【评译】陆象山（名九渊）说："社仓固然是为农民的利益着想，然而要常年丰收，这种制度才可保持长久，如果不是可常年丰收的田地，一遇到歉收，则社仓的米只有借出而没有收入，来年播种时缺少种子，仍然没有办法施救。不如同时设立一个平粜仓，丰收时买入米粮，防止价贱伤农的祸害；歉收时出售米粮，以防止富家囤积粮食，抬高价格来获取暴利。把买进来的米粮分存两个仓库，其中一个仓库的存粮保留起来，不随便使用，以为歉收的年头所用，用这种方法来替代动辄匮乏的社会，显然比较实用。顺从人民的方便，是社仓法；强制人民听从的，则是青苗法。是因为前者主张利民，后者主张利国的缘故。"

当今官吏积存谷物的方法，也是社仓的遗训。然而所积的只是纸上的空言，一半已被负责官史据为已自，一半变成朝廷非正常调用的钱粮来源。一碰到荒年歉收，除了摇头叹息，一点办法也没有，还不如不要设置，单纯的把谷物留在民间的好。唉！

何良俊（明，松江华亭人，字元朗）《四友斋丛说》说："当今地方首长的真正德政，当务之急是将各项赃款及罚银，督促各府县隶全数购买谷物。犯徒刑、流放以下的罪犯，准他们用谷物来赎罪。大致上，大县每年要买谷一万石，小县要买五千石。两直隶巡抚之下有一百个县，则每年就有七十多万石谷物。累积三年之后，就有两百多万石了。如果遇到一个县有水旱灾，就向无灾害的县通融借贷，来年丰收补还，则各地百姓就免于流离逃难，而朝廷对那些供应政府财政支出的重点税收地区，也永远不需忧心荒年歉收的问题。最大的德政，没有比这更好了。”

陶侃

【原文】

陶侃[①]性俭厉，勤于事。作荆州时，敕船官悉录锯木屑，不限多少。咸不解此意，后正会，值积雪始晴，厅事前除雪后犹湿，于是悉用木屑履之，都无所妨。官用竹，皆令录厚头，积之如山。后桓宣武伐蜀，装船悉以作钉。又尝发所在竹篙，有一官长，连根取之，仍当足[②]。(边批：根坚可代铁足。)公即超两阶用之。

【注释】

① 陶侃：东晋人，少孤贫，由县吏积官至荆州刺史，转广州刺史，后平叛有功，封长沙郡公，都督八州军事。

② 足：撑船所用竹篙，用铁具装其下端。

【译文】

晋朝人陶侃（鄱阳人，字士行）生性节俭，做事勤快。任荆州刺史时，命令船官要收集锯木屑，不论数量多少。众人都不了解他的用意，后来正逢积雪溶化时期，官府前虽已除雪，地仍湿滑，于是用锯木屑撒在地上，遂能通行无阻。官用的竹子，陶侃命令要留下粗厚的竹子头，堆积如山。后来桓温伐蜀，竹子头都用来当作造船的竹钉。又曾挖掘竹子，有一官吏连着竹根挖起，以为竹根部分非常坚硬，可作为竹钉的材料使用。（边批：竹子的根坚固的可以代替铁钉）陶侃见了，立刻超升此人两阶。

苏州堤

【原文】

苏州至昆山县凡七十里，皆浅水，无陆途。民颇病涉，久欲为长堤，而泽国[1]艰于取土。嘉祐中，人有献计，就水中以蘧除刍藁为墙，栽两行，相去三尺；去墙六尺，又为一墙，亦如此。漉水中淤泥，实蘧除中，候干，则以水车汱去两墙间之旧水，墙间六尺皆土，留其半以为堤脚，掘其半为渠，取土为堤。每三四里则为一桥，以通南北之水，不日堤成，遂为永利。今娄门塘[2]，是也。

【注释】

① 泽国：水泽遍布的地区。

② 娄门塘：苏州城东门称娄门，塘在娄门之外。

【译文】

苏州到昆山县共七十里远，都是浅水，没有陆路可行。人民苦于涉水，早就想筑长堤。但是水泽之地很难取土。宋仁宗嘉祐年间，有人献计，就在水中用芦荻干草做墙，栽两行，相距三尺；离墙六丈，又做一墙，做法和前两墙相同。把水中的淤泥沥干，塞在干草中，等干了以后，用水车除去两墙之间的旧水，墙与墙之间都是泥土，留一半作为长堤的基础，挖另一半做河渠，把挖出来的土拿来筑堤。每三四里筑一座桥，以打通南北的水域。不久长堤完成，成为永远的好事。

第三部　察　智

察智部总序

【原文】

冯子曰：智非察[①]不神，察非智不精。子思[②]云："文理密察，必属于至圣。"而孔子亦云："察其所安。"是以知察之为用，神矣广矣。善于相人者，犹能以鉴貌辨色，察人之富贵福寿贫贱孤夭，况乎因其事而察其心？则人之忠佞贤奸，有不灼然乎？分其目曰"得情"，曰"诘奸"，即以此为照人之镜而已。

【注释】

① 察：明察，善于分辨。

② 子思：孔伋，字子思，孔子的孙子。

【译文】

冯梦龙说："智慧需要明察，才能显示出其效用，而明察若不以智慧为基础，则难以真正洞悉事物的精微关键之处。"子思说："条理清晰，细致明辨，这才是真正的智慧。"孔子也说："观察他做事情安与不安。"从而知道明察的作用，是非常神圣和广泛的。善于相面的人，能从一个人的长相神色，看出一个人的富贵或贫贱，长寿或夭折来。同样的，从一个人的行为处世之中，也能清楚判断出他是忠直还是奸邪，是贤能还是愚昧。因此，本部分为"得情"和"诘奸"两卷，可以用来作为照见人心的明镜。

九、洞察真情

【原文】

口变缁素[①]，权移马鹿；山鬼昼舞，愁魂夜哭；如得其情，片言折狱[②]；唯参与由[③]，吾是私淑[④]。集“得情”。

【注释】

① 缁素：缁为黑色的布，素为白色的布，此处指颜色的黑白。

② 折狱：判断诉讼。

③ 参与由：曾参与仲由，孔子的两个学生，于政事善明察。

④ 私淑：不能当面得到教诲，只能心里敬仰。

【译文】

有口才的人，可以把黑的说成白的；有权势的人，能够指着鹿却说是马；但在有才智的人眼中，只要只字片语就能察出实情。集此为“得情”卷。

殷云霁

【原文】

正德中，殷云霁字近夫，知清江，县民朱铠死于文庙西庑中，莫知杀之者。忽得匿名书，曰：“杀铠者某也。”某系素仇，众谓不诬。云霁曰：“此嫁贼以缓治[①]也。”问左右：“与铠狎[②]者谁？”对曰：“胥姚。”云霁乃集群胥于堂，曰：“吾欲写书，各呈若字。”有姚明者，字类匿名书，诘之曰：“尔何杀铠？”明大惊曰：“铠将贩于苏，独吾候之，利其资，故杀之耳。”

【注释】

① 缓治：延缓破案。

② 狎：亲近。

【注释】

明武宗正德年间，殷云霁（寿张人，字近夫）任清江知县。县民朱铠死于文庙西边廊下，不知道凶手是谁，但有一封匿名信，说：“杀死朱铠的是某人。”某人和朱铠有旧仇，大家都认为很可能是他。殷云霁说：“这是真凶嫁祸他人，要误导我们的调查。朱铠左邻右舍谁和他亲近？”都回答说：“姚姓属吏。”殷云霁就将所有属吏聚集于公堂说：“我需要一个字写得好的人，各呈上你们的字。”属吏之中，姚明的字最像匿名信的笔迹，殷云霁就问他：“为什么杀朱铠？”姚明大惊，只好招认说：“朱铠将到苏州做生意，我因贪图他的财物，所以杀他。”

安重荣 韩彦古

【原文】

安重荣虽武人而习吏事。初为成德节度，有夫妇讼其子不孝者。重荣拔剑，授其父使自杀之。其父泣不忍，其母从旁诟夫面，夺剑而逐其子，问之，乃继母也。重荣为叱其母出，而从后射杀之。

韩彦古字子师，延安人，蕲王世忠之子。知平江府。有士族之母，讼其夫前妻子之者，以衣冠[1]扶掖而来，乃其嫡子也。彦古曰：“事体颇重，当略惩戒之。”母曰：“业已论诉，愿明公据法加罪。”彦古曰：“若然，必送狱而后明，汝年老，必不能理对，姑留扶掖之子，就狱与证，徐议所决。”母良久云：“乞文状归家，俟其不悛，即再告理。”由是不敢复至。

【注释】

① 衣冠：此处指衣冠整齐。

【译文】

后晋时安重荣虽然是武人，但熟习文治的事，曾经任成德节度使。有一对夫妇控告自己的儿子不孝，安重荣拔剑交给父亲，叫他杀自己儿子，父亲哭着不忍心下手，而母亲却在旁边责骂丈夫，并且抢下剑来追赶儿子。问明原因，乃是继母，安重荣因而勒令母亲出去，而从后面杀了她。

宋朝人韩彦古（字子师，名将韩世忠之子）出知平江府时，有一位士族的母亲前来控告她丈夫前妻的儿子，当时有一位士绅搀扶着她，原来是她的亲生子。韩彦古道："这件官司兹事体大，本官认为将令郎略加惩戒就好了。"妇人道："民妇已经告到官府了，但愿大人依法论罪。"韩彦古道："若是如此，就必须进行一段漫长且繁复的审讯过程，你年纪已老，你能将所有细节一一分辩吗？我看暂且将你的亲生儿子关入狱中慢慢查证，再考虑如何处置比较好。"妇人想了良久，说："民妇请求将诉状暂且撤回，他如果仍不悔改，便可告请乡里公断。"于是，那名妇人再也不敢前来告状了。

十、揭发奸邪

【原文】

王轨[①]不端，司寇溺职；吏偷俗弊，竞作淫慝[②]。我思老农，剪彼蟊贼；摘伏发奸，即威即德。集"诘奸"。

【注释】

①王轨：指朝廷的法度。

②淫慝：邪恶不正。

【译文】

高官滥权渎职，小吏钻营谄媚；智者便效法老农挑翦蚜虫的精神，揭发奸邪，纠举恶吏，造福百姓。集此为“诘奸”卷。

赵广汉

【原文】

赵广汉[1]为颍川太守。先是颍川豪杰大姓，相与为婚姻，吏俗朋党。广汉患之，察其中可用者，受记。出有案问，既得罪名，行法罚之。广汉故漏泄其语，缿筩[2]，及得投书，削其主名。而托以为豪杰大姓子弟所言，其后强宗大族家家结下仇怨，奸党散落，风俗大改。

广汉尤善为钩距[3]，以得事情。钩距者，设欲知马价，则先问狗，已问羊，又问牛，然后及马，参伍[4]其价，以类相准，则知马之贵贱，不失实矣。唯广汉至精能行之，他人效者莫能及。

【注释】

①赵广汉：字子都，汉宣帝时为京兆尹，揭发奸邪如神，盗贼绝迹，后因受牵连被腰斩。

②缿筩：陶瓶和竹筒。口小肚大，投入东西不易取出，一般用来装检举文书。

③钩距：比喻使人陷入诈术中，借以刺探隐情，在对方放松戒备的情况下，隐情不问而知。

④参伍：反复比较，相互验证。

【译文】

赵广汉担任颍川太守时，颍川豪门大族之间互相连亲，而官吏间也都互结朋党。赵广汉很担忧此事，便授计值得信赖的部属，外出办案时，一旦罪名确立就依法处罚，同时故意泄露当事人的供词，目的在于制造朋党间的猜疑。此外他又命属官设置意见箱，再命人投递匿名信，然后向外散播这些信都是豪门和大族的子弟写的，果然，原本很要好的豪门和大族，竟为了投书互相攻击而翻脸成仇，不久豪门和大族所各自结成的小团伙都陆续解散，社会风气大为改善。

赵广汉最擅长的还是利用“钩距”来刺探情报。例如想要知道马的价钱的时候，就先打听狗的价钱，然后再问牛羊的价钱，到最后才问马的价钱。因为彼此互问的结果，便能打听出比较可靠的标准行情，到最后就能够真正知道马的价钱。不过，只有赵广汉真正精于此道，其他人模仿的效果都不如他。

包拯

【原文】

包孝肃[①]知天长县，有诉盗割牛舌者，公使归屠其牛鬻之，既有告此人盗杀牛[②]者，公曰：“何为割其家牛舌，而又告之？”盗者惊伏。

【注释】

① 包孝肃：包拯，谥孝肃。

② 告此人盗杀牛：当时不许民间私自杀牛，所以杀牛是要被告发的。

【译文】

宋朝人包孝肃治理天长县时，有位县民向官府报案，声称所养的牛只遭人割断舌头，包公要他回去把牛宰杀后，再运到市集出售。不久，有人来县府检举某人盗牛贩卖，包公却对他说：“你为什么先前割断那人所养牛只的舌头，现在又想诬告他是盗牛者呢？”那人一听，知道无法隐瞒，只好低头认罪。

第四部 胆 智

胆智部总序

【原文】

冯子曰：凡任[①]天下事，皆胆也；其济[②]，则智也。知水溺，故不陷；知火灼，故不犯。其不入不犯，其无胆也，智也。若自信入水必不陷，入火必不灼，何惮而不入耶？智藏于心，心君而胆臣[③]，君令则臣随。令而不往，与夫不令而横逞者，其君弱。故胆不足则以智炼之，胆有余则以智裁之。智能生胆，胆不能生智。刚之克也，勇之断也，智也。赵思绾[④]尝言："食人胆至千，刚勇无敌。"每杀人，辄取酒吞其胆。夫欲取他人之胆。益己之胆，其不智亦甚矣！必也取他人之智，以益己之智，智益老而胆益壮，则古人中之以"威克"、以"识断"者，若而人，吾师平！

【注释】

① 任：承担。

② 济：成功。

③ 心君而胆臣：指以智慧为主，以胆量为辅。

④ 赵思绾：五代时人，曾为晋昌节度使，以杀人烹食闻名。

【译文】

冯梦龙说：要肩负天下的大事，需要有足够的勇气，而可否胜任，则取决于智慧，这勇气和智慧，就称之为"胆智"。知道水会溺人却不被淹溺，知道火会灼人却不被烧灼，这样的躲开淹溺和烧灼，并不是缺乏勇气的行为，而正是智慧的表现。然而若自信能入水而不淹溺，近火而不烧灼，则即使赴汤蹈火，又有何伤害可言呢？胆智二字，智在上而胆在下，勇气的运用必须服从于智慧的判断，若智慧的判断认为应当勇往直前却裹足犹豫，这是勇气不足，有待智慧的锻炼。若是未经智慧的判断而逞强蛮干，则是勇气有余而需要用智慧来约束。智慧能生出勇气，勇气却不能增加智慧，所以真正刚强勇敢的人，必然是智慧过人者。赵思绾曾说："生食人胆到一千，就会无敌于天下。"因此他每回杀死一人，便取出其胆来下酒，这样妄想以他人之胆来增加自己的勇气的行为，不但无益于勇气的养成，而且是愚昧不智的行为。相反的，以他人的智慧来增进自己的智慧，却是有效而自然的，如此，不仅智慧增加，且勇气也能够自然成长。因此本部收集古人胆智的实录，分为"威克""识断"两卷，这样的人，才是我们的老师。

十一、老谋深算

【原文】

履虎不咥[①]，鞭龙得珠。岂曰溟涬[②]，厥有奇谋。集"威克"。

【注释】

①咥：咬。

②溟涬：混沌，这里指盲目的行为。

【译文】

踏住老虎的尾巴，它就不能再伤人。鞭打大龙的身躯，它就会吐出腹中的宝珠。智者并不需要神仙相助，因为他懂得运用谋略。集此为"威克"卷。

班超

【原文】

窦固[①]出击匈奴，以班超[②]为假[③]司马，将兵别击伊吾[④]，战于蒲类海[5]，多斩首虏而还。固以为能，遣与从事郭恂俱使西域。超到鄯善[6]，鄯善王广奉超，礼敬甚备，后忽更疏懈。超谓其官属曰："宁觉广礼意薄乎？此必有北虏[7]使来，狐疑未知所从故也。明者睹未萌，况已著耶？"乃召侍胡，诈之曰："匈奴使来数日，今安在？"侍胡惶恐，具服其状。超乃闭侍胡，悉会其吏士三十六人，与共饮，酒酣，因激怒之曰："卿曹与我俱在西域，欲立大功以求富贵，今虏使到数日，而王广礼敬即废，如令鄯善收吾属送匈奴，骸骨长为豺狼食矣，为之奈何？"官属皆曰："今危亡之地，死生从司马。"超曰："不入虎穴，焉得虎子！当今之计，独有因夜以火攻虏，使彼不知我多少，必大震怖，可殄尽[8]也！灭此虏，则鄯善破胆，功成事立矣！"众不应有宜曰："当与从事议之。"超怒曰："吉凶决于今日，从事文俗吏，闻此必恐而谋泄，死无所名[9]，非壮士也。"众曰："善。"初夜，遂将吏士往奔虏营。(边批：古今第一大胆。)会天大风，超令十人持鼓，藏虏舍后，约曰："见火然后鸣鼓大呼。"余人悉持弓弩，夹门而伏。(边批：三十六人用之有千万人之势。)超乃顺风纵火，前后鼓噪。虏众惊乱，超手格杀三人，吏兵斩其使及从士三十余级，余众百许人，悉烧死。明日乃还告郭恂，恂大惊，既而色动，超知其意，举手曰："掾虽不行，班超何心独擅之乎？"恂乃悦，超于是召鄯善王广，以虏使首示之。一国震怖，超晓告抚慰，遂纳子为质，还奏于窦固。固大喜，具上超功效，并求更选使使西域。帝壮超节，诏固曰："吏如班超，何故不遣而更选乎？今以超为军司马，令遂前功。"超复受使，(边批：明主。)因欲益其兵，超曰："愿将本所从三十余人足矣。如有不虞[10]，多益为累。"是时于阗[11]王广德新攻破莎车[12]，遂雄张南道[13]，而匈奴遣使监护其国。超既西，先至于阗，广德礼意甚疏，且其俗信巫，巫言神怒："何故欲向汉？汉使有䯄马[14]，急求取以祠我。"广德乃遣使就超请马，超密知其状，报许之，而令巫自来取马。有顷，巫至，超即斩其首以送广德。因辞让之。广德素闻超在鄯善诛灭虏使，大惶恐，即攻杀匈奴使而降超。超重赐其王以下，因镇抚焉。

【评】必如班定远，方是满腹皆兵，浑身是胆。赵子龙、姜伯约[15]不足道也。

辽东管家庄，长男子不在舍，建州虏[16]至，驱其妻子去。三数日，壮者归，室皆空矣，无以为生。欲佣工于人，弗售。乃谋入虏地伺之，见其妻出汲，密约夜以薪积舍户外焚之，并积薪以焚其屋角。火发，贼惊觉。裸体起出户，壮者射之，贼皆死。挈其妻子，取贼所有归。是后他贼惮之，不敢过其庄云。此壮者胆勇，一时何减班定远，使室家无恙；或佣工而售，亦且安然不图矣。人急计生，信夫！

【注释】

① 窦固：东汉外戚，兼习文武，明察边事。汉明帝时以奉车都尉出击匈奴，大胜而归。

② 班超：班彪次子，班固弟，年少时投笔从戎，后出使西域，封定远侯。

③ 假：代理。

④伊吾：西域古国名，在今新疆哈密。

⑤蒲类海：今之巴里坤湖，在哈密之北。

⑥鄯善：西域古国名，在今新疆东南部。

⑦北虏：指匈奴。

⑧殄尽：全部消灭。

⑨死无所名：死得没有价值。

⑩不虞：不测。

⑪ 于阗：西域古国名，在今新疆和田。

⑫ 莎车：西域古国名，在于阗西北。

⑬ 雄张南道：雄风张扬在西域南道。当时由汉往西域，分南北两道，于阗、莎车皆在南道。

⑭ 騧马：浅黑色的马，此处指班超的马。

⑮ 姜伯约：三国时蜀将姜维，字伯约。

⑯ 建州虏：明代建州女真人，满洲人的前身。

【译文】

东汉窦固远征匈奴时，曾命班超为代理司马，同时另率一支部队攻打伊吾国，与匈奴军大战于蒲类海，战绩辉煌。当时窦固很赏识班超的才干，就派他与郭恂出使西域。当班超初到鄯善时，鄯善王广很热情地欢迎他,礼数很周到,但是不多久态度突然变得很冷淡。班超就对部下说:“你们不觉得鄯善王广对我们变得很冷谈了吗？一定是因为有匈奴使者来到的缘故，使得鄯善王打不定主意要依附哪一方。一个善于观察事物的人，在事故未发生前就能感觉到；如今事态如此明显，我岂有看不出来的道理？”于是，班超招来鄯善的侍卫官，若无其事地问：“匈奴使者已经来好几天了，不知道他们现在在何处？”侍卫官听了吓一跳，只好一一据实回答。班超支开侍卫官后，立即召集所有部属共三十六人一起商议，他们一边饮酒一边交换意见，当大家半醉时，班超突然慷慨激昂地说:“诸位跟我一同来到西域,目的是为朝廷建立功业并求个人富贵。现在匈奴使者才到几天，鄯善王广对我们的态度就如此冷淡，如果鄯善王把我们逮捕后交给匈奴，那我们的骨骸岂不是将变成豺狼的食物吗？诸位对这事有何高见？”随员一听,立即一致表示:“如今我们身陷险地,是生是死全听从司马的指挥。”这时班超起身说：“常言道：‘不入虎穴，焉得虎子！为今之计，只有在半夜用火攻匈奴使者，让他们摸不清我们有多少人，再趁他们心生恐惧时一举将其歼灭。只要除去匈奴使者，鄯善王就会被吓住，那么其他的事就容易办了。”然而却有随员表示要跟郭恂商量再做决定。班超听了，很生气地说：“成败的命运就在今晚决定。郭恂是文官，万一他听了计划后由于害怕而泄露机密，反而坏了大事。人死不留名，就不算英雄好汉！”众人说：“好！”于是，班超在午夜时分，率所有随从一起杀进匈奴使者的营地。(边批：古往今来最胆大的行为。)正巧这时刮起大风，班超派十余人手持战鼓躲在营地后面，约定说：“见到火光就击鼓高声叫喊。”其余人则各拿弓箭，埋伏在营地大门两侧。(边批：用三十六人造成了千万人的声势。)部署完毕，班超乘着风势放火，指挥鼓兵击鼓。匈奴使者听到鼓声，再看到熊熊火光，都惊慌失措，纷纷夺门外逃，班超亲手杀死三人，其他随员射杀三十余人，其余一百多人则全被大火烧死。天亮后，班超把夜袭匈奴营地的事告诉郭恂，起先郭恂大为惊讶，继而有些失望，班超看出了郭恂的心意，便举起手说："你虽没有参加昨夜的战役，但我班超又岂会独居其功呢？"郭恂听了，顿时面露喜色。于是班超又求见鄯善王广，并把匈奴使者的头颅拿给他看。消息传出后，鄯善国举国为之震惊，这时班超极力安抚鄯善王，终于说动他以王子为质与中国修好，于是班超凯旋，向窦固报告。窦固非常高兴，详奏班超的功绩，并恳请朝廷另派使者前往西域。明帝对班超的胆识极表嘉许，于是诏令窦固："像班超这样的人才，理应任命其为正式的出使西域使者，为什么还要奏请朝廷另派他人呢？现在就任命班超为行军司马，让他接着立功。"因此班超再次出任出使西域使者。（边批：汉明帝是明主。）窦固本想增强班超手下的兵力，班超却说："我只要带领以前的三十多人就足够了，因为万一发生什么事情，人多反而会带来麻烦。"当时于阗王广德刚刚攻占莎车国，在西域南道称雄，而匈奴却派使者来，准备保护莎车。班超到达西域后，首先来到于阗。不料于阗王广德对他们态度很是冷淡。于阗风俗笃信巫术，有位巫师说："天神正在发怒，为什么我们要听命汉使？汉使有匹乌嘴马，你们赶紧要汉使把马献出来祭神。"于阗王广德立刻派人向班超要马，班超早已明白对方意图，就答应了他，并让巫师亲自来取马。不多时，巫师果然亲自过来，班超却命人将巫师的头砍下送回给于阗王广德，并严辞责备他。于阗王早就听说班超在鄯善国杀死匈奴使者的事，如今又亲眼目睹其胆识，内心非常害怕，就主动派兵围杀匈奴使者，并向班超请降。班超为了安抚于阗君臣，赏赐他们许多礼物。

【评译】一位像班超这样的大将，才称得上是真正的胸有成竹，浑身是胆。至于三国时代的赵云、姜维这类人物比起班超来实在是差远了。

辽东管家庄的庄主，一次外出时，建州贼趁机袭击并且掳走了他的妻子。三四天后庄主回家一看，家中不但财物被洗劫一空，连妻子也没了。为了生活不得已便想到外乡替人帮佣，却没有人雇他。于是他便悄悄来到贼人的营地外等待机会，正巧碰上到井边汲水的妻子，两人约定在屋外堆积柴薪，半夜他在屋外放火，妻子则趁乱逃跑。到了半夜他点火烧屋，火势很快就蔓延开来，贼人惊慌失措，有些贼人甚至裸着身子逃命，这时他就堵在营门口将贼人一一射杀。直到贼人全部死光，他才带领妻子及贼人所虏获的财物一起回家。消息传出后，其他贼人闻之丧胆，再也不敢打劫管家庄。这位庄主的胆识与机智，和班超相比可说是毫不逊色。假使这位庄主家园未遭洗劫，或者为别人打工而有人雇了他，他就会因环境安逸而不想另有作为。看了管庄主的故事，我不能不相信人在危难中会产生智慧。

安禄山

【原文】

安禄山[①]将反前两三日，于宅集宴大将十余人，锡赉[②]绝厚。满厅施大图，图山川险易、攻取剽劫之势。每人付一图，令曰："有违者斩！"直至洛阳，指挥皆毕。诸将承命，不敢出声而去。于是行至洛阳，悉如其画[③]。

【评】此虏亦煞有过人处，用兵者可以为法。

【注释】

① 安禄山：唐朝人，得玄宗宠爱，曾自请为杨贵妃干儿子，天宝年间与史思明一起举兵谋反，史称"安史之乱"。他曾攻陷长安，自号雄武皇帝，国号燕，后被唐朝平定。

② 锡赉：赏赐财物。

③ 画：谋划。

【译文】

安禄山谋反之前的两三天，在府中宴请手下的十多名大将，宴中给每位将军丰厚的赏赐，并在府宅大厅放置一幅巨大的地图，图中标明各地山川的险易及进攻路线，另外每人都发了一幅同样的缩小地图。安禄山对各将领说："有敢于违背此图计划者斩首。"这幅图对直到洛阳的军事行动，都标得清清楚楚。所有的将领都不敢出声，领命离去。直到安禄山攻陷洛阳前，各军的行进完全遵照图中的指示。

【评译】安禄山这蛮子也有过人之处，带兵的人可以参考他的这个方法。

宗泽

【原文】

金寇犯阙，銮舆南幸[①]。贼退，以宗公汝霖尹开封。初至，而物价腾贵，至有十倍于前者。郡人病之，公谓参佐曰："此易事，自都人率以饮食为先，当治其所先，缓者不忧于平也。"密使人问米麦之值，且市之。计其值，与前此太平时初无甚增。乃呼庖人取面，令作市肆笼饼大小为之，乃取糯米一斛，令监军使臣如市沽酝酒，各估其值，而笼饼枚六钱，酒每觚七十足。出勘市价，则饼二十，酒二百也。公先呼作坊饼师至，讽之曰："自我为举子时来京师，今三十年矣，笼饼枚七钱，而今二十，何也，岂麦价高倍乎？"饼师曰："自都城经乱以来，米麦起落，初无定价，因袭至此，某不能违众独减，使贱市也。"公即出兵厨所作饼示之，且语之曰："此饼与汝所市重轻一等，而我以目下市直，会计薪面工值之费，枚止六钱，若市八钱，则有二钱之息，今为将出令，止作八钱，敢擅增此价而市者，罪应处斩。且借汝头以行吾令也。"明日饼价仍旧，亦无敢闭肆者。次日呼官沽任修武至，讯之曰："今都城糯米价不增，而酒值三倍，何也？"任恐悚以对曰："某等开张承业，欲罢不能。而都城自遭寇以来，外居宗室及权贵亲属私酿甚多，不如是无以输纳官曲之值与工役油烛之费也。”公曰：“我为汝尽禁私酿，汝减值百钱，亦有利入乎？”任叩额曰：“若尔，则饮者俱集，多中取息，足办输役之费。”公熟视久之，曰：“且寄汝头颈上，出率汝曹即换招榜[②]，一觚止作百钱，是不患乎私酤之搀夺也！”明日出令：“敢有私造曲酒者，捕至不问多寡，并行处斩。”于是倾糟破觚者不胜其数。数日之间，酒与饼值既并复旧，其他物价不令而次第自减，既不伤市人，而商旅四集，兵民欢呼，称为神明之政。时杜充守北京，号“南宗北杜”云。

【评】借饼师头虽似惨，然禁私酿、平物价，所以令出推行全不费力者，皆在于此。亦所谓权以济难者乎？当湖冯汝弼《祐山杂说》云："甲辰凶荒之后，邑人行乞者什之三，逋负[③]者什之九。明年，本府赵通判临县催征，命选竹板重七斤者，拶[④]长三寸者，邑人大恐，或诳行乞者曰：'赵公领府库银三千两来赈济，汝何不往？'行乞者更相传播，须臾数百人相率诣赵。赵不容入，则叫号跳跃，一拥而进，逋负者随之，逐隶人，毁刑具，呼声震动。赵惶惧莫知所措。余与上莘辈闻变趋入，赵意稍安，延入后堂。则击门排闼，势益猖獗。问欲何为，行乞者曰：'求赈济。，逋负者曰：'求免征。'赵问为首者姓名，余曰：'勿问也，知其姓名，彼虑后祸，祸反不测，姑顺之耳。'于是出免征牌，及县备豆饼数百以进，未及门辄抢去，行乞者率不得食。抵暮，余辈出，则号呼愈甚，突入后堂矣！赵虑有他变，逾墙宵遁。自是民颇骄纵无忌。又二月，太守郭平川应奎推为首者数人于法，即惕然[⑤]相戒，莫敢复犯矣。向使赵不严刑，未必致变；郭不正法，何由弭乱？宽严操纵，唯识时务者知之。"

【注释】

① 銮舆南幸：皇帝的车驾向南行。

② 招榜：招牌、价目牌。

③ 逋负：此处指欠官府租赋。

④ 拶：一种刑具。

⑤ 惕然：警惕的样子。

【译文】

宋朝金人进犯京师，皇帝跑到南方。金人退兵后，宗汝霖（宗泽）奉命任开封府尹。初到开封时，开封物价暴涨，价钱几乎要比以前贵上十倍，百姓叫苦连天。宗汝霖对诸僚属说："要平抑物价并非难事，先从日常饮食开始，等民生物资价格平稳后，其他的物价还怕不回跌吗？"于是暗中派人到市集购买米面，回来估算分量和价格，和以前太平时相差无几。于是召来府中厨役，命他制作市售的各种大小尺寸的糕饼，另外取来一斛（十斗）糯米，然后命人到市集购买一斛糯米所能酿成的酒，结果得到一个结论，每块糕饼的成本是六钱，每觚酒是七十钱，但一般市价却是糕饼二十钱，酒二百钱。宗汝霖首先召来坊间制饼的师傅，质问他说："从我中举人后入京，到今天已经三十年了。当初每块糕饼七钱，现在却涨到二十钱。这是什么原因，难道是谷价高涨了好几倍？"糕饼师傅说："自从京师遭逢战火后，米麦的涨跌并没有一定，但糕饼价却一直高居不下，我也不能扰乱市场，独自降价。"宗汝霖命人拿出厨役所做的糕饼，对那名师傅说："这饼和你所卖饼的重量相同，而我以现今成本加上工资重新计算后，每块糕饼的成本是六钱，如果卖八钱，那么就有二钱的利润，所以从今天开始我下令，每块糕饼只能卖八钱，敢擅自加价者就判死罪，现在请借我你项上人头，执行我的命令。"说完下令处斩。第二天，饼价回复旧价，也没有任何一家商户敢罢市。再隔一天，宗汝霖召来掌官酒买卖的任修武，对他说："现在京师糯米价格并没有涨，但酒价却涨了三倍，是什么原因呢？"任修武惶恐的答道："自从京师遭金人入侵后，皇室及一般民间酿私酒的情形很猖獗，不加价无法缴纳官税及发放工人工资、油水等开支费用。"宗汝霖说："如果我为你取缔私酒，而你减价一百钱，是否还有利润呢？"任修武叩头说："如果真能取缔私酒，那么民众都会向我买酒，薄利多销，应该足够支付税款及其他杂支开销。”宗汝霖审视他许久后，说：“你这颗脑袋暂且寄在你脖子上，你赶紧带着你的手下，换贴公告酒价减一百钱，那你所担心的私酒猖獗情形，就不会再危害你了。”于是酿私酒者纷纷自动捣毁酒器。第二天，宗汝霖贴出告示：“凡敢私自酿酒者，一经查获，不论数量多寡，一律处斩。”短短几天之内，饼与酒都恢复旧价，而其他的物价也纷纷下跌，既不干扰市场交易，更吸引四地商人云集，百姓不禁推崇为“神明之政”。当时杜充（字公美）守北京，人称“南宗北杜”。

【评译】宗汝霖借糕饼师傅人头的做法，虽然看来有些残忍，但日后能禁酿私酒、平稳物价，命令得以完全彻底执行，毫不费力，都是因为有这事例在先。这也正是所谓的“权以济难”。当湖人冯汝弼在《祐山杂记》中记载：甲辰荒年过后，城中十人中就有三人靠乞讨度日，而无力缴税租者更高达九成。府城赵通判到县城催讨租税，城中百姓大为恐慌，有人故意散播谣言说：“赵公从府库中领取了三千两纹银，用来赈济县城百姓，我们何不赶快去赵府领救济呀？”乞丐们口耳相传，不一会儿，就有好几百人相继前往赵的住处。赵命人驱赶群众，乞丐们大声叫跳，一拥而上，而欠税者也随之跟进，一时殴打属隶，毁坏公物，喊声震天。赵这才心惊害怕，不知该如何是好。我与赵上莘听说有暴动就急忙入城，赵这才稍感安心，请我们进入后堂。而聚集的群众却不停地拍击大门，大声吼叫，声势更加猖獗。问他们的目的，乞丐说：“要求救济！”欠税者说：“要求免除课税。”赵问他们带头者的姓名，我劝赵不要追问：“知道带领者的姓名，万一带头者顾虑官府日后追究，反而会为自己带来灾祸，现在不如暂时答应他们的要求。”于是赵命人贴出免课税的告示，并且准备了数百枚豆饼。豆饼才运到门口，就被民众抢取一空，大部分的乞丐仍然分不到食物。快近傍晚时，群众的吼叫声愈来愈大，最后突破防卫闯入后堂。赵怕发生其他暴动，就趁夜翻墙逃逸，自此暴民益发骄纵，难以约束。两个月后，太守郭平川将为首的暴民绳之以法后，其他暴民也就开始自我约束，不敢再任意滋事。当初如果赵用严刑镇压，或许不致产生暴动；而郭平川不将为首的暴民正法，暴乱就没有平息的一天。如何能切确掌握宽严间的尺度，就只有深识时务者才能体会认识了。

十二、当机立断

【原文】

智生识，识生断[1]。当断不断，反受其乱。集“识断”。

【注释】

① 断：判断。

【译文】

能对事物有深入的观察与了解，才能做出正确的判断；但是在应该当机立断时，千万不可因为观察、了解而延迟、拖宕，否则反会受到其伤害。集此为“识断”卷。

齐桓公

【原文】

宁戚，卫人，饭牛车下，扣角而歌。齐桓公异之，将任以政。群臣曰：“卫去齐不远，可使人问之，果贤，用未晚也。”公曰：“问之，患其有小过，以小弃大，此世所以失天下士也。”乃举火[1]而爵之上卿。

【评】孔明深知魏延[2]之才，而又知其才之必不为人下，故未免虑之太深，防之太过，持之太严，宁使有余才，而不欲尽其用，其不听子午谷之计者，胆为识掩也。

呜呼，胆盖难言之矣！魏以夏侯楙镇长安。丞相亮伐魏，魏延献策曰：“楙怯而无谋，今假延精兵五千，直从褒中出，循秦岭而东，当子午而北，不过十日，可到长安。楙闻延奄至，必弃城走，比东方相合，尚二十许日。而公从斜谷来，亦足以达。如此则一举而咸阳以西可定矣！”亮以为危计，不用。

任登为中牟令，荐士于襄主[3]，曰瞻胥已，襄主以为中大夫。相室[4]谏曰：“君其耳而未之目也，为中大夫若此其易也！”襄子曰：“我取登，既耳而目之矣，登之所取，又耳而目之，是耳目人终无已也！”此亦齐桓之智也。

【注释】

①举火：点燃灯火，指不待次日，当夜就举行仪式。

②魏延：三国蜀汉大将，官至征西大将军，封南郑侯。每随诸葛亮出师，请与亮异道，亮不许，延常叹己才用之不尽。诸葛亮死后，魏延有二心，被杀。

③襄主：赵襄子无恤。战国初年，与韩魏三分晋国。

④相室：执政之臣，即相国。

【译文】

宁戚是卫国人，每当他给拴在车下的牛喂食时，总是一边敲打牛角一边唱歌。有一天，齐桓公正巧从他身边经过，觉得他不同于别人，想要任用他，但大臣们却劝阻说：“卫国离齐国并不远，不如先派人打听他的为人，如果确实贤能，再任用也不迟。”可是齐桓公说：“何必多此一举呢？调查的结果可能会发现他有某些小缺点。人做事常会因小弃大，这就是为什么许多天下智士常不得君王重用的原因。”于是，齐桓公当天就拜宁戚为上卿。

【评译】三国时的诸葛亮虽深知魏延的才干，但由于他也知道以魏延之才不会居人之下，因此顾虑太深，防范太多，戒备太严，宁可只借重魏延的余才，却不肯让他完全发挥。当初孔明不肯采纳魏延提出的子午谷的计策，就是由于孔明的胆气被识虑所蒙蔽的缘故。

唉！看来“胆”这个字，还真非三言两语可以说得清楚的。魏派夏侯楙镇守长安的时候，蜀相孔明企图发兵征魏。当时魏延曾献计说：“夏侯楙懦弱无能，如果丞相能给我拨精兵五千，我可直出褒中，绕秦岭东进，然后再从子午谷北行，不用十天，就可攻下长安。夏侯楙见我来攻，定会弃城而逃，到那时即使魏国派驻守东方的军队前来救援，他们也必须行军二十天才能到达。如果丞相此时再从斜谷出兵，更可一举收取咸阳以西之地。”但当时诸葛亮认为此计太过危险，没有采纳。

王登出任中牟令时曾向赵襄子推荐一个人，并说这个人叫瞻胥已，赵襄子便任命这人为中大夫。相国劝阻说：“大王只是听别人说这人有才干，自己却没有亲眼见识过，怎能轻易相信而随便任用呢。”赵襄子说：“我任用王登，是既耳闻又目见了，如果对王登推荐的人又要耳闻又要目见，这样的耳闻和目见真是没个完了。”赵襄子和齐桓公可说是具有同样的智慧。

周瑜 寇准 陈康伯

【原文】

曹操既得荆州，顺流东下，遗孙权书，言：“治水军八十万众，与将军会猎于吴。”张昭等曰：“长江之险，已与敌共。且众寡不敌，不如迎之。”鲁肃独不然，劝权召周瑜于鄱阳。瑜至，谓权曰：“操托名汉相，实汉贼也。将军割据江东，兵精粮足，当为汉家除残去秽。况操自送死而可迎之耶？请为将军筹之。今北土未平，马超、韩遂尚在关西，为操后患；而操舍鞍马，仗舟楫，与吴越争衡；又今盛寒，马无藁草；中国[1]士众，远涉江湖之险，不习水土，必生疾病。——此数者，用兵之患也。瑜请得精兵五万人，保为将军破之！”权曰：“孤与老贼誓不两立！”因拔刀砍案曰：“诸将敢复言迎操者，与此案同。”竟败操于赤壁。

契丹寇澶州，边书告急，一夕五至，中外震骇。寇准不发，饮笑自如。真宗闻之，召准问计，准曰：“陛下欲了此，不过五日。（边批：

大言。)愿驾幸澶州。”帝难[2]之，欲还内，准请毋还而行，乃召群臣议之。王钦若，临江人，请幸金陵；陈尧叟，阆州人，请幸成都。准曰：“陛下神武，将臣协和，若大驾亲征，敌当自遁，奈何弃庙社远幸楚、蜀？所在人心崩溃，敌乘势深入，天下可复保耶？”帝乃决策幸澶州，准曰：“陛下若入宫，臣不得到，又不得见，则大事去矣。请毋还内。”驾遂发，六军、有司追而及之。临河未渡，是夕内人相泣。上遣人瞷准。方饮酒鼾睡。明日又有言金陵之谋者，上意动。准固请渡河，议数日不决。准出见高烈武王琼[3]，谓之曰：“子为上将，视国危不一言耶？”琼谢之，乃复入，请召问从官，至皆嘿然。上欲南下，准曰：“是弃中原也！”又欲断桥因河而守，准曰：“是弃河北也！”上摇首曰：“儒者不知兵。”准因请召诸将，琼至，曰：“蜀远，钦若之议是也，上与后宫御楼船，浮汴而下，数日可至。”众皆以为然，准大惊，色脱。琼又徐进曰：“臣言亦死，不言亦死，与其事至而死，不若言而死。(边批：此举全得高公力，上所信者，武臣也。)今陛下去都城一步，则城中别有主矣，吏卒皆北人，家在都下，将归事其主，谁肯送陛下者，金陵亦不可到也。”准又喜过望，曰：“琼知此，何不为上驾？”琼乃大呼逍遥子[4]，准掖上以升，遂渡河，幸澶渊之北门。远近望见黄盖，诸军皆踊跃呼万岁，声闻数十里。契丹气夺，来薄城，射杀其帅顺国王挞览[5]，敌惧，遂请和。

金主亮南侵，王权师溃昭关，帝命杨存中[6]就陈康伯[7]议，欲航海避敌。康伯延之入，解衣置酒。帝闻之，已自宽。明日康伯入奏曰：“闻有劝陛下幸海趋闽者，审尔，大事去矣！盍静以待之？”一日，帝忽降手诏曰：“如敌未退，散百官。”康伯焚诏而后奏曰：“百官散，主势孤矣。”帝意始坚。康伯乃劝帝亲征。

【评】是役，准先奏请，乘契丹兵未逼镇、定，先起定州军马三万南来镇州，又令河东兵出土门路会合，渐至邢、洺，使大名有恃，然后圣驾顺动。又遣将向东旁城塞牵拽，又募强壮入虏界，扰其乡村，俾虏有内顾之忧。又檄令州县坚壁，乡村入保，金币自随，谷不徙者，随在瘗藏。寇至勿战，故虏虽深入而无得。方破德清一城，而得不补失，未战而困。若无许多经略，则渡河真孤注矣。

迟魏之帝者，一周瑜也；保宋之帝者，一寇准也；延宋之帝者，一陈康伯也。

【注释】

① 中国：中原之国，指曹魏。

② 难：为难。

③ 高烈武王琼：高琼，时为殿前都指挥使。

④ 逍遥子：竹舆的别称。

⑤ 顺国王挞览：契丹元帅，有机勇，所部皆精兵。

⑥ 杨存中：本名沂中，身经百战，高宗曾将其比为郭子仪，谥武恭。

⑦ 陈康伯：孝宗时封鲁国公，享孝宗庙庭，谥文恭，时为宰相。

【译文】

曹操取得荆州后，有了兴兵顺流而下，攻取东吴的念头，于是写了一封信给孙权，大意是自己将率领八十万水兵，约孙权在吴交战。当时以张昭为首的文臣，已被曹操八十万大军的声势吓得魂不守舍，张昭说：“我们所凭借的只有长江天险。在曹操取得荆州后，长江天险已经成为敌我双方所共有，再说敌众我寡，双方兵力悬殊。我个人以为如今之计不如迎接曹公到来。”坐在一旁的鲁肃，却不认为归顺曹操是上策，于是向孙权建议，不如立即派人召回在鄱阳的周瑜商议大计。周瑜赶回后，激昂地对孙权说道：“曹操虽名为汉朝丞相，其实却是汉朝的奸贼。主公据有江东，地域宽阔，兵精将广，应当为汉室除去奸贼。再说曹操现正自掘死路，我们哪有归顺他的道理？请主公听我详说平曹的计划：现在北方并未完全平定，关西的马超（字孟起，是汉末将军）和韩遂（后汉金城人，后为曹操所杀）是曹操的后患；如今曹操竟舍弃善战的骑兵，而想与长于水战的吴兵在水上决战，岂不是自取败亡？再加上现在正值隆冬季节，马草军粮的补给都不方便；而曹军远来南方，水土不服，定会生病，这些都是曹操用兵的不利情况，所以主公想要活捉曹操，现在正是千载良机。请求主公给我精兵五万人，我保证击败曹操！”孙权听了周瑜这番话后说：“我与曹操这老贼势不两立！”说完抽出宝刀，一刀砍断桌子角，道：“诸位再有敢说归顺曹操的，就会和这桌子同样下场。”后来果然大败曹操于赤壁。

宋真宗时，契丹人出兵攻打澶州，一时边情紧急，一夜之间竟连发五道紧急文书。消息传到京师，朝野震惊。当时宰相寇准（字平仲，官同平章事，封莱国公，卒谥忠愍）却不慌不忙，仿佛平常般谈笑饮酒。真宗接获军情紧急的报告，就召来寇准，与他商议大计。寇准说：“想要解除这种危急的状况，只要五天的时间就够了。臣恳请陛下幸驾澶州。”真宗听了颇感为难，想直接返回京师，寇准却再三恳请，真宗一时拿不定主意，于是召集群臣商议。临江人王钦若建议真宗避难金陵，阆州人陈尧叟则建议前往成都。寇准奏道：“陛下英明睿智，才使得群臣齐心效命，如果陛下能御驾亲征，敌军必会闻风丧胆，为什么要舍弃宗庙，逃往他地呢？陛下无论幸临金陵或成都，一则路途太过遥远，二则将导致人心溃散，给予敌兵可乘之机，那又如何指望能保住大宋江山？”真宗听了这些话，才下定决心前往澶州。寇准说：“请陛下即刻起程，不要再转回宫内，陛下若入宫，如果很长时间不出来，臣又进不去，怕误了大事。”于是真宗下令立即起驾。这时又有大臣阻拦，临河未渡。这晚，嫔妃个个哭成一团。真宗又派人询问寇准意见，不料寇准因喝醉了酒，竟鼾睡不醒。第二天，又有大臣向真宗建议迁都金陵，真宗有些心动。所以虽然寇准一再恳求真宗渡江，但一连几天真宗仍下不了决心，做不了决定。

一天，寇准碰到烈武王高琼，对他说：“你身为大将军，见国家的情势已到如此危急的地步，难道不会向皇上说句话吗？”高琼向寇准谢罪，于是寇准又再入宫，建议真宗不妨问问其他官员的意思。没想到在朝的官员竟然个个哑口无言。这时真宗表示希望南下，寇准说：“这种做法简直是舍弃中原。”真宗又想毁坏桥梁，凭借江河天险来防守。寇准说：“这样河北一地就拱手送敌了。”真宗不由得摇头说：“你是读书人，不懂得用兵之道。”于是寇准建议真宗询问各位将军的意见。高琼却说：“我赞同王钦若的看法，蜀地远，但陛下若乘坐宫廷楼船，顺着汴江而下，几天的行程，就可抵达金陵。”在场的大臣纷纷表示赞同，寇准不由大吃一惊，只见高琼不慌不忙地接着又说：“臣直言也是死，不说也是死，与其到事情发生时丧命，不如今日直言而死。今天只要陛下离开京师一步，那么整个天下就要改朝换代了，士兵们都是北方人，家小都在京师附近，若京师不保，他们都会回乡保护妻小，到时有谁肯护送陛下，即使近如金陵，陛下也到不了。”寇准听高琼如此说，顿时又面露喜色，说：“你能明白这道理，为什么不自请为皇上跟前的御前将军呢？”高琼大喊一声，要轿夫起轿，寇准立刻将真宗请入轿中，全军于是顺利渡河。真宗抵达澶州北门时，远近的士兵们看见皇帝的车驾，不由欢声雷动，高呼万岁，数十里外都听得到阵阵的欢呼声。契丹人见宋真宗御驾亲征，气势大减，等攻城时，元帅顺国王挞览又遭宋兵射杀，更是胆战心寒，于是向宋请和。

【评译】这场战役，寇准事先曾奏请真宗在契丹兵马尚未逼近镇州、定州时，先征调定州三万兵马南下到镇州，又命令河东兵出土门路来会合，逐渐逼近邢州、洺州，使得大名府有所依托，然后皇帝再亲征。同时寇准还派遣将领率兵向东牵制敌人，又招募强壮的丁兵混入契丹境内，骚扰契丹村庄，使契丹有内忧的困扰；另外寇准发文到各州县，要他们各自加强守御，各乡村民纷纷组织自卫民团，金币财物随身携带，至于无法运走的米粮则全部妥善深藏。契丹兵至，千万不可与他们交手，如此一来，契丹人虽深入内地却毫无所获，只是攻下德清一城，而得不偿失，在未与宋兵交战前已是军需窘困。所以澶州之役宋军获胜并非侥幸，若事先没有这种种部署，那么真宗的渡河亲征，可就真的只是孤注一掷了。

周瑜拖延了曹操称帝的野心，寇准保住了真宗皇帝的帝位，陈康伯延续了宋代江山。

第五部　术　智

术智部总序

【原文】

冯子曰："智者，术所以生也；术者，智所以转也。不智而言术，如傀儡[①]百变，徒资嘻笑，而无益于事。无术而言智，如御人舟子，自炫执辔如组，运楫如风，原隰[②]关津，若在其掌，一遇羊肠太行、危滩骇浪，辄束手而呼天，其不至颠且覆者几希矣。蠖之缩也，蛰之伏也，麝之决脐也，蚺之示创也，术也。物智其然，而况人乎？李耳化胡[③]，禹入裸国而解衣，孔尼较猎[④]，散宜生行贿，仲雍断发文身，裸以为饰。"不知者曰："圣贤之智，有时而殚。"知者曰："圣贤之术，无时而窘。"婉而不遂，谓之"委蛇"；匿而不章，谓之"谬数"；诡而不失，谓之"权奇"。不婉者，物将格[⑤]之；不匿者，物将倾之；不诡者，物将厄之。呜呼！术神矣！智止矣！

【注释】

①傀儡：木偶。

②隰：湿地。

③李耳化胡：相传老子入西域，化身为胡人。

④较猎：比赛打猎。

⑤格：压服。

【译文】

冯梦龙说："术即方法，真正的方法是从智慧中产生的；而通过适当的方法，智慧才能发挥无比的功用。没有智慧而只强调方法，就如同傀儡之戏的变化，非但于事无益，而且只是一场闹剧罢了；只有智慧而没有方法，则像驾车行船的人，在风平浪静或平坦广阔的原野上时，一切好像都得心应手，但一遇羊肠小道或险滩大浪，则束手无策，想不倾覆都难。蠖虫在行进时要有伸有缩，冬季的昆虫要藏于地下过冬，至春才出来，麝在被人追逐时会产生分泌物，蟒蛇翻身示创以明胆已被人取走，这都是对方法的运用。连动物都有这样的智慧，何况是人呢？老子李耳教化胡人，大禹进入裸人国而脱去衣服，孔子与人比赛打猎，散宜生的行贿，仲雍南入蛮夷，断发文身，以裸身为服饰。"无知的人说："圣贤之人的智慧有时也有穷尽的时候。"智慧的人说："圣贤之人的方法，没有穷尽的时候。"有时婉转而不直行，称之为"委蛇"；有时暂且隐匿不显，称之为"谬数"；有时诡谲而不失原则，称之为"权奇"。若不懂婉转，外物就会压制他；不懂隐匿，外物就会倾陷他；不懂诡谲，外物就会困厄他。唉呀！方法太神妙了，是智慧的最高境界！

十三、以退为进

【原文】

道固委蛇[①]，大成若缺[②]。如莲在泥，入垢出洁。先号后笑，吉生凶灭。集"委蛇"。

【注释】

① 委蛇：曲折，这里有"柔顺"的引申意义。

② 大成若缺：语出《老子》，与大智若愚同义。

【译文】

逶迤曲折的道路，完满之中似有缺陷。正如同生长在污泥中的莲蓬，经过洗涤才能显出本来面目。经历痛哭，最后才能微笑。运用得法，就能趋吉避凶。集此为“委蛇”卷。

孔融

【原文】

荆州牧刘表不供职贡，多行僭伪，遂乃郊祀天地[①]，拟斥乘舆。诏书班[②]下其事，孔融上疏，以为“齐兵次楚，唯责包茅，今王师未即行诛，且宜隐郊祀之事，以崇国体。若形之四方，非所以塞邪萌。”

【评】凡僭叛不道之事，骤见则骇，习闻则安。力未及剪除而章其恶，以习民之耳目，且使民知大逆之逋诛，朝廷何震[③]之有？召陵之役，管夷吾不声楚僭，而仅责楚贡，取其易于结局，度势不得不尔。孔明使人贺吴称帝，非其欲也，势也。儒家“虽败犹荣”之说，误人不浅。

【注释】

① 郊祀天地：祭祀天地，是天子举行的仪式。

② 班：颁布。

③ 震：威望。

【译文】

东汉献帝的时候，荆州牧刘表不仅不按规定向朝廷缴纳税负，还冒用天子的排场执事，郊祭天地，越级乘坐天子用的马车。献帝下诏斥责，孔融上书劝谏说：“如今王师正如齐桓公兵伐楚国只能责备不上贡的茅包一样，并没有能力去惩罚刘表，陛下不能提及刘表祭祀天地的事情，以维护朝廷尊严；如果轻易地张扬，让天下人知道，不是阻止其邪念的方法。”

【评译】类似这种大逆不道的事情，百姓初次听说，不免震惊害怕，但是听多了，也就习惯了。如果朝廷能力尚不足以除恶，就轻率诏告天下，只会让百姓习惯叛逆不受惩罚，在百姓面前显露出朝廷的无能。春秋齐桓公在召陵伐楚，管仲就不以楚王僭尊号为由，而只是责备楚王不纳贡赋，为的就是日后易于收场，衡量当时局势，真的是不得不如此啊。三国时孔明派使臣向孙权道贺称帝，并非孔明真有道贺之意，而是形势所迫，不得不通权达变的做法。儒家那种虽败犹荣的论调，实在是害人不浅啊。

阮籍

【原文】

魏、晋之际，天下多故[①]，名士鲜有全者。阮籍托志酣饮，绝不与世事。司马昭初欲为子炎求昏[②]于籍，籍一醉六十日，昭不得言而止。钟会数访以时事，欲因其可否致之罪，竟以酣醉不答获免。

【注释】

① 多故：政局多变动。

② 昏：同“婚”。

【译文】

魏、晋之时，天下纷扰多事，名士中很少有人能保全性命的。阮籍（三国魏人，字嗣宗，竹林七贤之一）为坚守原则，整天喝得酩酊大醉，绝口不谈天下世势。司马昭（三国魏人，司马懿次子，字子上）想为儿子司马炎（即晋武帝，字安世）求婚，与阮籍结为亲家，阮籍为逃避司马昭的纠缠，竟大醉六十天，司马昭得不到提出的机会，只好打消念头。当时司马昭的手下大将钟会曾数度拜访阮籍请教时事，想从阮籍的话中挑出毛病，加上罪名，而阮籍每次都醉得不能答话，也因此而保全一命。

十四、隐而不显

【原文】

似石而玉，以錞[①]为刃；去其昭昭，用其冥冥；仲父[②]有言，事可以隐。集“谬数”。

【注释】

①錞：矛戟下端的平底。

②仲父：齐桓公称管仲为仲父。

【译文】

看上去像是石头实际上却是宝玉，用戈戟的柄套也能作为兵刃；舍弃明显可见的用途，运用它幽微隐秘的妙处，这是管仲为人处世的谋略。集此为“谬数”卷。

周武王

【原文】

武王立重泉[①]之戍，令曰：“民有百鼓之粟者不行。”民举所最粟以避重泉之戍，而国谷二十倍。

【评】假设戍名，欲人惮役而竟收粟，倘亦权宜之术，而或谓圣王不应为术以愚民，固矣！至若《韩非子》谓，汤放桀欲自立，而恐人议其贪也，让于务光[②]，又虞其受，使人谓光曰：“汤弑其君，而欲以恶名予子。”光因自投于河；文王资费仲[③]而游于纣之旁，令之间[④]纣以乱其心，此则孟氏所谓“好事者为之”。非其例也。

【注释】

① 重泉：地名。

② 务光：当时的隐士。

③ 资费仲：送资财给费仲。费仲是商纣王之佞臣。

④ 间：离间。

【译文】

周武王下令征调百姓赴重泉戍守，同时又发布命令说："凡百姓捐谷一百鼓（四石为一鼓）者，可以免于征调。"百姓为求免役，纷纷捐出家中所有积谷，一时国库的米粮暴增二十倍。

【评译】武王借征调百姓戍守远地为名，利用百姓恐惧离乡的心理，征收谷粟充实国库，假若这只是一时权宜的做法，而有人却为此批评圣贤的君王不应用权术来欺骗百姓，确实是这样。《韩非子》曾记载，商汤讨伐桀后想自立为帝，又怕世人讥评他是因称王的贪念才讨伐桀的，于是故意推举务光为王，但又怕务光真的接受，就派人对务光说："汤弑杀他的君主，却想将弑君的罪名嫁祸给你。"务光听了，就吓得投河自尽；另外，文王也曾用重金贿赂费仲，要他日夜在纣王身边进谗言，迷惑纣王心智。我认为这是孟子所谓喜欢捏造假言生事的人。并不是真实的事例。

晏婴

【原文】

齐人甚好毂击[①]，相犯以为乐。禁之，不止，晏子患之。乃为新车良马，出与人相犯也，曰："毂击者不祥。臣其祭祀不顺、居处不敬乎？"下车弃而去之，然后国人乃不为。

【注释】

① 毂击：用车毂相撞击。毂，车轮中间车轴穿入处的圆木，安装在车轮两侧的轴上。

【译文】

齐人喜欢在驾车时用车毂相互撞击并以此为乐。官府虽多次禁止，但依然没有什么明显的成效，宰相晏婴为此感到十分烦恼。一天，晏婴乘坐一辆新车出门，故意与其他车辆相撞，事后说："与人撞车是不吉祥的凶兆，难道是我祭拜神明时心意不够诚敬、平日居家待人不够谦和的缘故吗？"于是弃车离去，从此国人皆不再以撞车为乐。

东方朔

【原文】

武帝好方士[①]，使求神仙不死之药。东方朔乃进曰："陛下所使取者，皆天下之药，不能使人不死；唯天上药，能使人不死。"上曰："天何可上？"朔对曰："臣能上天。"上知其谩诧，欲极其语[②]，即使朔上天取药。朔既辞去，出殿门，复还曰："今臣上天似谩诧者，愿得一人为信。"上即遣方士与俱，期三十日而返。朔既行，日过诸侯传饮，期且尽，无上天意，方士屡趋之，朔曰："神鬼之事难豫言，当有神来迎我。"于是方士昼寝，良久，朔觉之曰："呼君极久不应，我今者属从天上来。"方士大惊，具以闻，上以为面欺，诏下朔狱，朔啼曰："朔顷几死者再。"上曰："何也？"朔对曰："天帝问臣：'下方人何衣？'臣朔曰：'衣虫。''虫何若？'臣朔曰：'虫喙髯髯类马，色邠邠类虎。'天公大怒，以臣为谩言，使使下问，还报曰：'有之，厥名蚕。'天公乃出臣。今陛下苛以臣为诈，愿使人上天问之。'"上大笑曰："善。齐人[③]多诈，欲以喻我止方士也。"由是罢诸方士不用。

【注释】

① 方士：炼丹药，言神仙，造不死之方的术士。

② 极其语：使他的话说到极致，指让东方朔语尽词穷。

③ 齐人：东方朔是平原郡人，古属齐地。

【译文】

汉武帝喜好长生不老之术，对方士非常礼遇，常派遣方士到各地访求长生不老药。东方朔于是上奏道：“陛下派人访求仙药，其实都是人间之药，不能使人长生不死，只有天上的药才能使人不死。”武帝说：“谁能上天为寡人取药呢？”东方朔说：“我。”武帝一听，知道东方朔又在胡说吹牛，想借机让他出丑难堪，于是下令命东方朔上天取药。东方朔领命拜辞离宫，刚走出殿门又再折返回宫，上奏说：“现在臣要上天取药，皇上一定会认为臣胡说吹牛，所以希望皇上能派一人随臣同往，好为人证。”武帝就派一名方士陪东方朔一起上天取药，并且约定三十天后回宫复命。东方朔离宫后，日日与大臣们赌博饮酒。眼看三十天的期限就要到了，随行的方士不时地催促他。东方朔说：“神鬼行事凡人难以预料，神会派使者迎我上天的。”方士无可奈何，只好蒙头大睡，一睡就是大半天。突然间，东方朔猛然将他摇醒，说：“我叫你许久都叫不醒，我刚才随天上使者上天去过了，刚刚才由天庭返回凡间。”方士一听大吃一惊，立即进宫向武帝奏。武帝认为东方朔一派胡言，犯欺君之罪，下诏将东方朔入狱。东方朔哭哭啼啼，对武帝说：“臣为上天求仙药，两度徘徊生死关口。你还怀疑我。”武帝问：“怎么一回事？”东方朔回答说：“天帝问臣下老百姓穿的是什么衣服，臣回答说：‘虫皮。’又问：‘虫长得什么样子？’臣说：‘虫嘴长有像马鬃般的触须，身上有虎皮般彩色斑纹。’天帝听了大为生气，认为臣胡言欺骗天帝，派使者下凡界探问。使者回报确有此事，并说虫名叫蚕，这时天帝才释放臣返回凡间。陛下如果认为臣撒谎欺君，请派人上天查问。”武帝听了大笑："好了好了。齐人生性狡诈，你不过是想用譬喻的方法劝朕不要再听信方士之言罢了。"从此武帝不再迷信方士。

颜真卿

【原文】

真卿[1]为平原太守，禄山逆节[2]颇著，真卿托以霖雨，修城浚壕，阴料丁壮，实储廪，佯命文士饮酒赋诗。禄山密侦之，以为书生不足虞，未几禄山反，河朔尽陷，唯平原有备。

【评】小寇以声驱之，大寇以实备之。或无备而示之有备者，杜其谋也；或有备而示之无备者，消其忌也。必有深沉之思，然后有通变之略。微乎！微乎！岂易言哉？

【注释】

①真卿：颜真卿，唐开元进士，累迁至侍御史，任平原太守时，度安禄山必反，暗中守备，安史之乱中，平原独完好。德宗时为宰相卢杞陷害，被派往叛军李希烈处，后遇害。

②逆节：叛逆的事端。

【译文】

唐朝时颜真卿担任平原太守，当时安禄山反叛的野心已很明显。颜真卿借口雨季来临，不得不修城浚沟，暗中招募勇士，储存米粮防备安禄山的侵袭，然而表面上却不动声色，天天与一些书生喝酒作诗。安禄山派密探暗中监视颜真卿的举动，见颜真卿只顾喝酒作诗，认为颜真卿不过一介书生而已，不足为虑。不久安禄山果然起兵造反，河东一带完全陷入贼手，唯有平原郡一带因颜真卿早有防范而未陷落。

【评译】碰到小贼寇，只要虚张声势恫吓一番就可以退敌；遇到大贼寇，就必须有坚实的武力作为后盾才能与之对抗。本身没有实力，却虚张声势显示自己的武力，是为杜绝对方蠢动的念头；的确有实力而极力掩饰，表现出毫无防备的样子，是为消除对方猜忌的心理。是虚是实，必须要先有深沉圆融的思虑，然后才能变通自如。其中的微妙之处，却并非三言两语就说得明白的。

十五、事急用奇

【原文】

尧趋禹步，父传师导。三人言虎，逾垣叫跳。亦念其仪，虞其我暴。诞信递君，正奇争效。嗤彼迂儒，漫云立教[1]。集“权奇”。

【注释】

①立教：确立教化。

【译文】

大禹学习尧的步伐，要接受父亲和师长的教导。三个人说老虎来了，其他人就会跳墙逃走。要顾念对人的礼仪，也要防备对方对我施行的横暴。荒诞与真诚递相为主，正与奇递相争效。那些迂腐儒生很可笑，总是喜欢漫无边际地说教。集此为“权奇”卷。

狄青

【原文】

南俗尚鬼，狄武襄征侬智高时，大兵始出桂林之南，因祝曰：“胜负无以为据。”乃取百钱自持之，与神约：“果大捷，投此钱尽钱面[1]。”左右谏止：“倘不如意，恐阻师。”武襄不听，万众方耸视，已而挥手倏一掷，百钱皆面，于是举军欢呼，声震林野。武襄亦大喜，顾左右取百钉来，即随钱疏密，布地而帖钉之，加以青纱笼，手自封焉，曰：“俟凯旋，当谢神取钱。”其后平邕州还师，如言取钱。幕府士大夫共视，乃两面钱也。

【评】桂林路险，士心惶惑，故假神道以坚之。

【注释】

① 钱面：明代以前铜钱仅一面有文字，称面。

【译文】

南方的习俗迷信鬼神。狄青带兵征讨侬智高的时候，大军到达桂林的南面，狄青焚香祝祷：“这次讨蛮不知道胜负如何？”于是就取出一百个铜钱拿在手里，与神相约说：“如果出征能够获胜，那么这一百个铜钱全部都是正面朝上。”他手下的将领极力劝阻他说：“如果掷钱不能如意，恐怕会严重影响军心士气。”狄青没有接受劝阻，在数万军士的围观注视之下，只见狄青猛然挥手一掷，一百个铜钱洒满一地，每个铜钱都是正面朝上的，一时之间军士们欢声雷动，响彻山林。狄青也非常高兴，让副将取来一百支铁钉，将铜钱钉在原地，并覆盖上青纱，亲手加上了封条，然后向神明祝祷：“等我凯旋而回之后，一定重新感谢神明，取回铜钱。”在平定南蛮胜利凯旋之后，狄青果然实现诺言，回来取那些铜钱，他的幕僚在检视那些铜钱时，才发现原来那些铜钱的两面都是正面的。

【评译】桂林路途险要，军士们人心惶惶，因此狄青借神明的力量来提振士气。

太史慈

【原文】

北海相孔融闻太史慈避地东海，数使人馈问其母。后融为黄巾贼所围，慈适还，闻之，即从间道入围，见融。融使告急于平原相刘备。时贼围已密，众难其出，慈乃带鞬[1]弯弓，将两骑自从，各持一的[2]持之，开门出，观者并骇。慈径引马至城下堑内，植所持的射之，射毕还。明日复然，如是者再。围下人或起或卧，乃至无复起者。慈遂严行蓐食，鞭马直突其围。比贼觉，则驰去数里许矣，竟从备乞兵解围。

【注释】

① 鞬：装弓的袋子。

② 的：箭靶。

【译文】

北海相孔融听说太史慈因受人牵连到东海避祸，就经常派人带着食物、金钱照顾他母亲的生活。有一次孔融被黄巾贼围困，这时太史慈已由东海回来，听说孔融被围，就从小径潜入贼人的包围圈中见孔融。孔融遂请太史慈突围向平原相刘备求援，但这时贼人已经合围，小路也不通了，很难突围。太史慈拿着弓箭，率领两名骑士，让两名骑士各持一个箭靶，三人打开城门出来。贼人大吃一惊，屏息以待，只见太史慈牵着马走到城墙下，开始练习射箭，等到箭都射完了，就牵着马回去。第二天仍然如此。几天后，贼人每天见太史慈出城门，以为他又出来练习射箭，坐的坐，躺的躺，理都不理他。谁知太史慈这次却忽然快马冲出，穿过贼人的包围，等到贼人发觉，太史慈已经在好几里路外了。最后顺利地向刘备求来援兵，解了孔融之围。

司马懿 杨行密 孙坚 仇钺

【原文】

曹爽擅政，懿[1]谋诛之，惧事泄，乃诈称疾笃。会河南尹李胜[2]将莅荆州，来候懿，懿使两婢侍持衣，指口言渴，婢进粥，粥皆流出沾胸，胜曰："外间谓公旧风发动耳，何意乃尔？"懿微举声言："君今屈并州，并州近胡，好为之备，吾死在旦夕，恐不复相见，以子师、昭为托。”胜曰：“当忝本州，非并州。”懿故乱其词曰：“君方到并州。”胜复曰：“忝荆州。”懿曰：“年老意荒，不解君语。”胜退告爽曰：“司马公尸居余气[3]，形神已离，不足复虑。”于是爽遂不设备。寻诛爽。

安仁义、朱延寿，皆吴王杨行密将也，延寿又行密朱夫人之弟。淮徐已定，二人颇骄恣，且谋叛，行密思除之。乃阳为目疾，每接延寿使者，必错乱其所见以示之，行则故触柱而仆，朱夫人挟之，良久乃苏，泣曰：“吾业成而丧明[4]，此天废我也，诸儿皆不足任事，得延寿付之，吾无恨矣。”朱夫人喜，急召延寿。延寿至，行密迎之寝门，刺杀之，即出[5]朱夫人，而执斩仁义。

孙坚举兵诛董卓，至南阳，众数万人，檄南阳太守张咨，请军粮，咨曰：“坚邻二千石耳，与我等，不应调发。”竟不与。坚欲见之，又不肯见。坚曰：“吾方举兵而遂见阻，何以威后？”遂诈称急疾，举兵震惶，迎呼巫医，祷祠山川，而遣所亲人说咨，言欲以兵付咨。咨心利其兵，即将步骑五百人，持牛酒诣坚营。坚卧见，亡何起，设酒饮咨，酒酣，长沙主簿入白：“前移南阳，道路不治，军资不具，太守咨稽停义兵，使贼不时讨，请收按军法。”咨大惧，欲去。兵阵四围，不得出，遂缚于军门斩之。一郡震栗，无求不获，所过郡县皆陈糗粮以待坚军。君子谓坚能用法矣。法者，国之植也，是以能开东国[6]。

正德五年，安化王寘鐇反，游击仇钺陷贼中，京师讹言钺从贼，兴武营守备保勋为之外应。李文正[7]曰：“钺必不从贼，勋以贼姻家，遂疑不用，则诸与贼通者皆惧，不复归正矣。”乃举勋为参将，钺为副戎[8]，责以讨贼。勋感激自奋，钺称病卧，阴约游兵壮士，候勋兵至河上，乃从中发为内应。俄得勋信，即嗾人谓贼党何锦：“宜急出守渡口，防决河灌城。遏东岸兵，勿使渡河。”锦果出，而留贼周昂守城。钺又称病亟，昂来问病，钺犹坚卧呻吟，言旦夕且死。苍头卒起，捶杀昂，斩首。钺起披甲仗剑，跨马出门一呼，诸游兵将士皆集，遂夺城门，擒寘鐇。

【注释】

①懿：三国魏人，有雄才，杀曹爽后，代为丞相，专朝政，父子擅权，至其孙司马炎终代魏政。

②李胜：曹爽心腹，李胜是南阳人，属荆州，所以下文说"当忝本州"。

③尸居余气：形如死尸，只是还有一口气在。

④丧明：丧失视力。

⑤出：抛弃妻子。

⑥开东国：在东方创立国家，指建吴国。

⑦李文正：李东阳，谥文正，官至文渊阁大学士。

⑧副戎：副总兵。

【译文】

三国时期的曹爽骄纵专权，司马懿想要杀了他，又恐事谋划不秘而泄露了，于是就对外宣称自己得了重病。河南令尹李胜要去荆州上任，前来问候司马懿，司马懿让两个婢女扶着自己出来，又拉着婢女的衣角指着嘴巴表示自己口渴了，让婢女端来一碗粥，司马懿却喝得胸上都流满了粥汁。李胜说："外面传言说您的痛风病发，怎么会这么严重呢？"司马懿声音微弱地说道："听说你屈身在并州。并州离胡人很近，你要小心防备，我生命垂危，以后怕见不到你了，小儿司马师、司马昭就托付你多多照顾了。"李胜说："我在荆州，不是并州。"司马懿装出满脸糊涂的神色说："哦，你才刚到并州啊？"李胜又纠正了他一次："我在荆州。"司马懿又说："我年纪大了，脑子不清楚了，听不懂你在说什么。"李胜在离开司马府后，非常高兴地对曹爽说："司马老头儿现在只剩下一口气了，神色相离，不用忧虑他了。"于是曹爽就放松了对司马懿的戒备，使得司马懿终于有机可乘，杀了曹爽。

安仁义、朱延寿都是吴王杨行密的将军，朱延寿又是杨行密夫人的弟弟。自从平定淮南后，安、朱二人骄纵放肆，并暗中商议着谋反。杨行密知道后，想要除去这两个人，于是就谎称自己得了眼病，每次接见朱延寿派来的使者，都将使者所呈上的公文胡乱指评，走路也常因碰到屋柱而摔倒，虽然有朱夫人在一旁搀扶着他，也要很久才能苏醒过来。杨行密哭着说："我虽然功业已成，可是却丧失了视力，这是老天要废我啊。儿子们都不能担当重任，幸好有朱延寿可以托付后事，我也就没什么可遗憾的了。"朱夫人听了后暗自高兴，立即召朱延寿入宫。朱延寿入宫的时候，杨行密在寝宫门口迎接他，等到朱延寿一踏入寝宫，就杀了他。朱延寿死后，杨行密下令将朱夫人逐出了宫廷，将安仁义斩首。

东汉末年，孙坚发兵讨伐董卓，率领数万大军来到了南阳，发文请求南阳太守张咨支援米粮。张咨说："孙坚是二千石的太守，和我职位一样，不应该向我调发军粮。"于是不加理会。孙坚想要见他，张咨也不肯相见。孙坚说："我刚刚起兵就受到这样的阻碍，以后如何树立威信呢？"于是谎称自己得了重病，消息很快传开了，全军士兵都非常担心，不但延请医生诊治，并且焚香祝祷。孙坚派亲信告诉张咨，想将军队交由张咨统领，张咨贪图那些兵力，于是率领五百个兵士，带着美酒来到孙坚的营中探望。孙坚躺在床上见他，过了一会才起身设酒宴款待。二人喝得正高兴的时候，长沙主簿进入营帐求见孙坚，说："前几天大军来到南阳，前行的道路没有修好，军中物资缺乏，太守张咨又拒绝提供军粮，使得大军无法按计划讨贼，请将他收复并按军法处置。"张咨惊慌失措想要逃走，但是军队已经将他团团包围，没有办法逃出去，于是众兵将张咨绑在军门前斩首。郡民听说后非常惊讶，从此对孙坚的要求无不照办。后来孙坚所经过的郡县都准备好粮草等待他的军队取用。君子认为孙坚懂得用"法"。法是建立一个国家的根本，这也是孙坚后来能够开创吴国的原因之一。

明武宗正德五年，安化王朱寘鐇叛变。游击将军仇钺被俘，京师谣传仇钺投降了叛贼，而兴武营守备保勋则是外应。李东阳说："仇钺一定不会投降贼人。至于保勋，如果因为他和寘鐇有姻亲关系，就怀疑他是贼人的外应，那么凡是和贼人有交往的，都会害怕而不敢归附我们了。"

于是推荐保勋为参将，仇钺为副将，将讨贼的任务交给他们。保勋十分感激，暗暗发誓一定要消灭贼人。仇钺在贼营中谎称生了病，暗中却集结旧部在河岸边等候保勋的部队，伺机接应。不久得到了保勋的书信，就唆使人告诉贼将何锦说："要赶紧调派军队防守河口，严防朝廷大军决堤灌城。并阻击东岸的朝廷军队，不要让他们渡河。"何锦果然上了当，命令周昂守城，自己则带着军队去河口防守。仇钺又谎称自己的病情加重，于是周昂前去探视，仇钺正躺在床上痛苦呻吟，看到周昂来后就说：恐怕自己的死期到了。然后趁周昂不注意，突然起身杀了周昂，砍下他的首级。接着仇钺披上盔甲拿起剑，骑上快马冲出营门，召集从前的部下，一举攻下城门，擒获了寘鐇。

曹冲

【原文】

曹公有马鞍在库，为鼠所伤。库吏惧，欲自缚请死。冲[①]谓曰："待三日。"冲乃以刀穿其单衣，若鼠啮者，入见，谬为愁状。公问之，对曰："俗言鼠啮衣不吉，今儿衣见啮，是以忧。"公曰："妄言耳，无苦。"俄而库吏以啮鞍白，公笑曰："儿衣在侧且啮，况鞍悬柱乎。"竟不问。

【注释】

① 冲：曹冲，曹操之子，幼年多智如成人，早卒。

【译文】

曹操的一副马鞍，放在马厩中被老鼠咬了个洞，管马房的小厮害怕曹操怪罪，想主动向曹操认罪请死。曹冲知道后，就对他说："不急着禀告，等三天再说。"之后，曹冲用刀把衣服戳了个洞，看起来好像是被老鼠咬的，然后穿着去见曹操，一脸愁苦表情。曹操问他原因，曹冲说："听人说衣服若是被老鼠咬破，就会倒霉，您看我的衣服被老鼠咬了一个大洞，我担心会倒霉。”曹操说：“那是迷信，别放在心上。”一会儿，马房小厮进来向曹操报告马鞍被老鼠咬坏的事，曹操笑着说：“衣服在人身边，都还会被老鼠咬破，何况是挂在柱子上的马鞍呢。”竟不追究此事。

司马相如

【原文】

卓文君既奔相如[①]，相如与驰归成都，家居徒四壁立。卓王孙大怒，不分一钱。相如与文君谋，乃复如临邛，尽卖其车骑，置一酒舍酤酒，而令文君当罏[②]，身自穿犊鼻褌，与庸保杂作，涤器市中。王孙闻而耻之，不得已，分予文君僮百人、钱百万，乃复还成都为富人。

【注释】

① 卓文君既奔相如：卓文君为蜀郡临邛县富人卓王孙之女，新寡。王孙设宴，并请司马相如，相如以琴声诱文君。文君慕相如才貌，遂夜奔相如。司马相如，西汉武帝时大辞赋家，以献赋为郎，曾通使西南夷有功。

② 当罏：在酒炉前打酒。

【译文】

汉朝时卓文君和司马相如私奔之后，两个人一起回到成都，穷得家徒四壁。卓王孙因为文君败坏了门风，十分愤怒，不给她一文钱。卓文君和司马相如商议，决定回到临邛，将马匹车辆全部卖了，然后买间酒铺卖酒，而卓文君做掌柜，司马相如穿着围裙兼酒保打杂，并当街洗碗。卓王孙听说这些事后，感觉脸上无光，只好派了一百个仆人去侍候文君，并给了百万钱，他们二人又成为成都的富人。

书目

001. 唐诗
002. 宋词
003. 元曲
004. 三字经
005. 百家姓
006. 千字文
007. 弟子规
008. 增广贤文
009. 千家诗
010. 菜根谭
011. 孙子兵法
012. 三十六计
013. 老子
014. 庄子
015. 孟子
016. 论语
017. 五经
018. 四书
019. 诗经
020. 诸子百家哲理寓言
021. 山海经
022. 战国策
023. 三国志
024. 史记
025. 资治通鉴
026. 快读二十四史
027. 文心雕龙
028. 说文解字
029. 古文观止
030. 梦溪笔谈
031. 天工开物
032. 四库全书
033. 孝经
034. 素书
035. 冰鉴
036. 人类未解之谜（世界卷）
037. 人类未解之谜（中国卷）
038. 人类神秘现象（世界卷）
039. 人类神秘现象（中国卷）
040. 世界上下五千年
041. 中华上下五千年·夏商周
042. 中华上下五千年·春秋战国
043. 中华上下五千年·秦汉
044. 中华上下五千年·三国两晋
045. 中华上下五千年·隋唐
046. 中华上下五千年·宋元
047. 中华上下五千年·明清
048. 楚辞经典
049. 汉赋经典
050. 唐宋八大家散文
051. 世说新语
052. 徐霞客游记
053. 牡丹亭
054. 西厢记
055. 聊斋
056. 最美的散文（世界卷）
057. 最美的散文（中国卷）
058. 朱自清散文
059. 最美的词
060. 最美的诗
061. 柳永·李清照词
062. 苏东坡·辛弃疾词
063. 人间词话
064. 李白·杜甫诗
065. 红楼梦诗词
066. 徐志摩的诗

067. 朝花夕拾
068. 呐喊
069. 彷徨
070. 野草集
071. 园丁集
072. 飞鸟集
073. 新月集
074. 罗马神话
075. 希腊神话
076. 失落的文明
077. 罗马文明
078. 希腊文明
079. 古埃及文明
080. 玛雅文明
081. 印度文明
082. 拜占庭文明
083. 巴比伦文明
084. 瓦尔登湖
085. 蒙田美文
086. 培根论说文集
087. 沉思录
088. 宽容
089. 人类的故事
090. 姓氏
091. 汉字
092. 茶道
093. 成语故事
094. 中华句典
095. 奇趣楹联
096. 中华书法
097. 中国建筑
098. 中国绘画
099. 中国文明考古
100. 中国国家地理
101. 中国文化与自然遗产
102. 世界文化与自然遗产
103. 西洋建筑
104. 西洋绘画
105. 世界文化常识
106. 中国文化常识
107. 中国历史年表
108. 老子的智慧
109. 三十六计的智慧
110. 孙子兵法的智慧
111. 优雅——格调
112. 致加西亚的信
113. 假如给我三天光明
114. 智慧书
115. 少年中国说
116. 长生殿
117. 格言联璧
118. 笠翁对韵
119. 列子
120. 墨子
121. 荀子
122. 包公案
123. 韩非子
124. 鬼谷子
125. 淮南子
126. 孔子家语
127. 老残游记
128. 彭公案
129. 笑林广记
130. 朱子家训
131. 诸葛亮兵法
132. 幼学琼林

133. 太平广记
134. 声律启蒙
135. 小窗幽记
136. 孽海花
137. 警世通言
138. 醒世恒言
139. 喻世明言
140. 初刻拍案惊奇
141. 二刻拍案惊奇
142. 容斋随笔
143. 桃花扇
144. 忠经
145. 围炉夜话
146. 贞观政要
147. 龙文鞭影
148. 颜氏家训
149. 六韬
150. 三略
151. 励志枕边书
152. 心态决定命运
153. 一分钟口才训练
154. 低调做人的艺术
155. 锻造你的核心竞争力：保证完成任务
156. 礼仪资本
157. 每天进步一点点
158. 让你与众不同的 8 种职场素质
159. 思路决定出路
160. 优雅——妆容
161. 细节决定成败
162. 跟卡耐基学当众讲话
163. 跟卡耐基学人际交往
164. 跟卡耐基学商务礼仪
165. 情商决定命运
166. 受益一生的职场寓言
167. 我能：最大化自己的 8 种方法
168. 性格决定命运
169. 一分钟习惯培养
170. 影响一生的财商
171. 在逆境中成功的 14 种思路
172. 责任胜于能力
173. 最伟大的励志经典
174. 卡耐基人性的优点
175. 卡耐基人性的弱点
176. 财富的密码
177. 青年女性要懂的人生道理
178. 倍受欢迎的说话方式
179. 开发大脑的经典思维游戏
180. 千万别和孩子这样说——好父母绝不对孩子说的 40 句话
181. 和孩子这样说话很有效——好父母常对孩子说的 36 句话
182. 心灵甘泉